U0934608

陈燮君／丛书主编

王芳芳　李良美／著

世博与环保

上海教育出版社

总 序

陈燮君

世博会自1851年拉开历史帷幕至今，凝聚着全世界的智慧与梦想，留下了人类进步的足迹。

世博会始终是新科学、新技术、新产品的摇篮，也是新思想、新概念的孵化器。从与人们生活紧密联系的缝纫机、电梯、留声机、电话、电视、电影、空调、汽车、飞机到推动时代前行的蒸汽机、发电机、原子技术、电子计算机、机器人、航天飞行器，乃至于当下最流行的生物技术和环保科技，它们或是因参加世博会的展示而闻名天下，或是在世博会上应用而得以示范推广。从最平易近人的T恤衫、蛋筒冰淇淋、花生酱、热狗、华夫饼干、可口可乐、麦当劳到令人瞩目的印象派、立体派、新艺术、装饰主义，世博会包罗万象。百货商店、现代旅游、主题公园、游乐场、度假村的缘起均与世博会紧密联系，因为它们的存在，我们的生活变得更美好。当然，我们也不会忘记水晶宫、埃菲尔铁塔、奥赛博物馆、金门大桥、原子塔这样的经典建筑，不会忘记“思想者”、“格尔尼卡”、“蓝色的多瑙河”等伟大的艺术品，它们皆因世博而诞生，凝聚着人类伟大的才智。

世博会促进了生产力的发展和社会的长足进步，不仅仅是芝加哥、大阪等城市的活力凝聚，它还让伦敦、巴黎、纽约这样的城市获得了新的拓展空间。人们常将世博会比作经济、科学和技术的奥运会，就影响力而言，它的作用可能比奥运会更大，一个国家，一个城市，乃至千千万万个体的命运常常因之而改变。

20世纪60年代起，世博会更多关注人与自然和谐共处的问题，多届世博会以生态与环境为主题，反思人类行为产生的影响，探讨发展与进步的真正意义。世博会愈加注重以人为本，以国家的和平、民族的平等、人与自然的和谐为诉求，在政治、经济、综合国力的竞争中不忘人文因素，在交流碰撞中观照人文情怀。自此，世博会已不再简单地以时代、地域或类型划分，而包含了可持续发展的内容，“海洋，留给未来的遗产”、“人类·自然·科技——新生的世界”、“自然的睿智”——所有主题都倾注着人类对美好未来的期许。这也许正是世博会新的历史使命。世博精神即“欢聚、沟通、展示、合作”的精神。世博会上的创新主题、创新载体、创新体制、创新模式给人类社会带来了不竭的动力，卷起一波又一波新浪潮。

在筹备中国2010年上海世博会的令人难忘的日子里，上海博物馆与上海大学、同济大学、华东师范大学联手努力，致力于“世博会博物馆”与“城市足迹馆”的营建。

怀着信任和期待，中国2010年上海世博会园区内建立了全世界首家世博会博物馆。积极筹备建馆的三年间，国内外各大博物馆给予了大力支持。在世博会博物馆中，世博会150多年的历史得以重现。在这里，我们可以了解世博会的核心精神和科学方法，探索世博学的各个分支，熟悉世博进程，直面世博场景，聆听世博余音，畅想世博未来。从历届世博会园区规划、展馆建筑、展品展示到与世博相关的各类论坛、活动，世博会这部蔚为壮观的百科全书在这里尽情展现。

为筹备世博会博物馆，上海博物馆策划主编本套《世博丛书》，立足学术研究，以新的视点解读世博，对众多的世博现象进行梳理、介绍，以系统的知识、科学的概念、清晰的线索，再现世博原貌。本套丛书以“世博本体、世博历史、世博会主办者、世博会与国家、世博会与城市”为大框架，组织策划具体选题。

其中，“世博本体”部分包括《世博学》、《世博效应与规则》、《漫话办世博》、《世博与娱乐》、《世博会与博物馆——演绎与思考》、《世博与环保》等，努力建构“世博学”的逻辑框架，阐述世博会的起源、发展、变革历程，探讨世博会的社会效应以及后续利用模式等，力求做到理论和实际的结合。

“世博历史”这一部分包括《世博会简史》、《从“万”到“一”——世博之路》、《永恒的记忆——从邮票、明信片和纪念章看精彩世博历史》，以史为纲，梳理世博会的脉络，呈现世博历史的跌宕起伏、风起云涌。

世博会为民族聚神，民族为世博会传神，世博会关乎国家发展。丛书中“世博会与国家”部分包括《世博与日本》、《博览劝业——世博会与近代中国博览会》和《世博与国家形象》，宏观叙述世博会与国家、世博会与民族的大故事。

世博会是主办城市能级跃升的契机，智慧的主办方可以将世博会转化为带动城市发展的强力引擎。丛书中“世博会与城市”部分包括《旧忆新说——上海世博园区地名备忘录》、《孕育世博的热土》、《一个世纪的进步——芝加哥与世博会》，关注世博会主办者如何抓住机遇，书写新的历史。

此外，我们有幸承担了中国2010年上海世博会主题馆之一—— 城市足迹馆的建设与展示工程，演绎悠悠数千年的城市文明。届时，来自敦煌的国宝将展示于此，置于城市足迹馆的“理想幻城”展区。为此，敦煌研究院专门撰写《敦煌与隋唐城市文明》一书，以隋唐城市及人的生活为中心，运用敦煌石窟艺术与敦煌文献资料来展示中国隋唐城市文明的各个层面。敦煌不仅是中国的骄傲，也是世界的骄傲。名垂千古之城的“精、气、神”必将令世博精神熠熠生辉。

三年来，本丛书的作者们反复斟酌选题，多方搜集资料，汇总各类研究成果，涉猎各类档案、文献，游历世界各地，寻访世博会遗址遗迹……每一本书都是作者们孜孜求索的见证。这些书的出版虽然只代表了阶段性的成果，却是献给中国2010年上海世博会的珍贵礼物。

“世博会”是一个历久弥新的课题，谨以此丛书向创造了奇迹的前人致敬，并期待激动人心的未来。

目 录

引 言

一切始于世博。人类的许多新发明、新创造，都是从世博会开始和拓展的。世界，因世博而精彩；人类，因世博而骄傲。办好世博会是全国的大事、世界的大事，是上海人民义不容辞的责任。

世博会是一个全球性的盛会。它不受国体、地域的限制，也不受民族、宗教、经济、文化的影响，参展国可以来自世界的各个不同角落，参展的内容丰富，范围广泛，并且都是本国（地区）最具特色、最新、最先进、最受人欢迎的产品（作品）。举办国花不多的钱，就可以让世界各国的参观者相聚在一起，共同领略和感受世博的精彩与魅力。

工业革命催生了世博会，世博会又促进了世界工业的大发展。这给人类带来了前所未有的物质文明。但我们也不能不看到在取得经济效益最大化的同时，短视的功利主义，不仅没有注意到大国工业的飞速发展是以牺牲资源、环境为代价的，反而以自身的骄傲，加快对资源的消耗和环境的污染，从而导致更深层的生态危机。我们可以翻开20世纪五六十年代以前的报刊，连“环境保护”的词汇都难以找到，可见当时人们头脑中还没有资源、生态、环境保护的意识！

在环境保护方面，第二次世界大战是个转折点。一方面，由于大国工业迅猛发展而造成资源紧缺、环境污染的事实开始进入人们的视野，人们有了新的认识，即从对自身的骄傲转变为对人类自身生存与发展的焦虑；另一方面，由于战争对人类的摧残和家园的破坏，加上一些国家出于“二战”后重建家园的迫切心情和愿望，一味追求经济高速增长，更加速了资源消耗和环境恶化，使人们从原先的技术主义层面的思索转变到人文主义的忧患。

此后，人类陷入了前所未有的自我反思中，开始思考物质的日益富足换来的是否是给自然和自己的慢性毒药。如果说经济发展的最终结果是资源的耗竭和全球环境的极度恶化，那么发展的意义何在？如果说科技和工业进步的最终结果是人类成为地球上唯一的生物，那么这样的进步又意义何在？人们开始意识到，世博会不可能包揽人类文明的所有成果，也不该成为简单展示这些成果的交易会，而应该把重心放在探索和解决人类共同面对的问题这一基点上，探寻人与自然相融相处的真谛。

20世纪60年代以后的世博会开始关注自然与环境的重要性。1970年，大阪世博会提出了人与自然和谐共处的主题，而1974年的斯波坎世博会更是第一次举起了环境保护的大旗。在这之后，有多届世博会选择了生态与环境的主题，内容直指能源、水资源以及海洋等，反思人类行为对生态环境的影响，反思发展与进步的真正意义，世博会进入了与环境保护相融的时代。

21世纪的世博会坚定地走上了可持续发展的道路。从"可持续发展"重要思想得以奠定的里程碑——汉诺威世博会，到坚持与自然和谐发展的爱知世博会，再到将"可持续发展"直接写进世博会主题的萨拉戈萨世博会，可持续发展的理念成了世博会遵循的"圣经"。

中国2010年上海世博会是国际展览局注册类（综合性）世博会，又是第一次在发展中国家大城市举办的盛会，内容丰富、精彩，范围广泛，意义重大。21世纪是世界城市发展的重要时期，再过10年、20年，全球人口的50%以上将居住在城市，城市将面临更严峻的挑战，如住房紧张、交通拥挤、污染严重、人口密集等。其根源之一就是人与人、人与自然、精神与物质之间的关系失谐。上海世博会以"城市，让生活更美好"为主题，突出"城市"的特点，其意义深远。届时，我们可以与世界各国人民相聚在上海世博会，围绕"城市，让生活更美好"的主题，互相交流、对话，共同感受精彩世博，展望上海这个国际大都市的美好未来。世博环保相辉映，人类自然共和谐。让我们抓住机遇，认真学习，增进了解，共同努力，"生态世博"之花一定会开放得更美丽、更鲜艳！

第一章

世博的历史缘由与大国工业强劲发展

世博会是在博览、展览国际化发展的基础上形成的全球性盛会。对一个国家来说，举办世博会和参加世博会都是一种国家行为。通过世博会，举办国和参展国一方面可以展示本国在各个领域取得的最新、最先进、最具本国特色的成就，提升本国形象，扩大本国影响；另一方面，可以与世界各国的参观者互相交流各方面的信息，促进世界各国的发展，并引领创新意识、开放意识、环保意识、节能意识和文化宽容意识等。

最初的世博会大多是展出工业革命带来的最新科技成就，随着时代的变化以及各种国际问题的凸显，世博会逐步对人与自然、人的权利、民族间的和平共处，以及国家间的平等交流等问题给予了更多的关注。现代世博会可以说是对现代文明如政治、社会、经济、科技、文化、环保等领域发展水平的记录、总结和反思，以及对未来发展前景的展望。认真研究世博会产生的历史背景，博览、展览的特点及其相互之间的关系、作用和意义，对在新形势下进一步发挥世博会的作用、推进世博会与环境保护的有机结合和互动具有重要意义。

第一节

博览概论

博览会是一种历史悠久的商业活动。在古代农耕社会，人们往往在庆贺丰收、举行宗教仪式或在欢度喜庆节日的时候进行交易活动，后来逐渐发展成为定期的、有固定场地、以物品交换为目的的大型贸易、展示集会。公元5世纪，波斯举办了第一个超越集市功能的展览会，这都是世博会的最早形式。

早期的欧洲也盛行古老集市，特别是在旅游地的陆地和水路汇合处，其重要性已不再是简单的直接交易场所。公元620年，在法国巴黎附近圣丹尼斯的一个专供商人聚会的地方举行了一次博览会，这是世界上较早有记录的商品博览会。中世纪早期，出现了货物买卖的聚集地，在那里商人开始"明码标价"买卖货物，这种形式一直被后来的博览会所保留。

根据约翰·格里森的记载，博览会的演变模式跨越了几个世纪，并且不断发展。到12世纪，法兰克帝国及周边地区已经出现了大型的商品市场。后来，大量具有典型博览会体制的商业中心以及博览会场所在西欧出现，并逐渐延伸到整个欧洲。到14世纪，从较古老的博览城镇法兰克福到德国东部的博览城镇莱比锡，博览会不断扩展，地位日渐突出。

最初的博览会是将各地的贸易集中在一起（即主要场所）进行地区性交易和零售贸易，这样便形成交易中心，交易者来自何地不受限制，并受皇室特权的保护，但是要服从皇帝特殊的财政及课税规定，这是最初的博览会的主要特征。博览会往往还要和教会的年度假期一起举行，为期数天。博览会能得到不断发展是当时皇权和君主的恩惠政策的结果，近代最著名的法兰克福博览会和莱比锡博览会都是典型代表。

17世纪后期，欧洲持续了30年的战争结束，莱比锡博览会作为贸易"中转站"，将东欧和南欧的贸易联系在一起，实现了真正的繁荣和发展。大约在1700年，它成为全德国最重要的博览会场所，赢得了国际声誉。

18世纪末期，随着大规模生产的需要，样品贸易得到长足发展，欧洲各国开始从易货贸易向样品贸易发展，这为莱比锡博览会保持国际地位打下了基础。一方面，随着生产模式的改变，各方面都要求对贸易方式进行调整和变革；另一方面，受到大规模工业生产的发展和长时期贸易的影响，人们从总体上对商业博览会的传统制度产生了怀疑。在此背景下，商业博览会渐渐开始呈现出一种新的形式，即从拥有几个世纪悠久历史的商业博览会发展成为现代的莱比锡样品博览会。莱比锡样品博览会主要以工业新产品作为贸易样品，引起了客户、记者和公众越来越浓厚的兴趣，从而开始成为一个符合现代需要的官方贸易机构，因此，1912年，法国议会主席杜阿·赫里欧称莱比锡博览会为“博览会之母”。

随着时光的流逝，博览会获得越来越大的经济意义，并且从英格兰到意大利南部，从波兰到西班牙都得到很大发展。1851年，英国伦敦举办的“万国工业品博览会”在社会、经济、文化、科技等方面更是起到了全球性的、不可估量的作用和影响。正如英国维多利亚女王在博览会期间所衷心祝愿的那样：“在上帝的祝福下，我诚挚地与诸位一起祈祷。这次盛会能增进我国人民之幸福与全体人群之利益；能激发和平与工业之巧技艺；能凝聚世界各国之间的关系；更能将仁慈上帝所赋予人的禀赋用于友爱与高尚的竞争，以促进全人类的美善与幸福。”针对这次博览会，恩格斯于1880年在《社会主义从空想到科学》一文中指出：“从那时开始，英国已经‘开化’了。1851年的博览会，结束了英国这个岛国闭塞的历史，并且在饮食、风俗和观念等方面逐渐向国际化转变；它在这方面取得了很大成就，使我不禁希望英国的某些风俗和习惯在大陆上也像大陆上的某些习惯在英国流传那样得到传播。”[1]

[1]《马克思恩格斯选集》第三卷，第385页。

第二节

世博会是欧洲工业革命的产物

传统的博览会是商人的集会。它为商品交易提供自由空间和免费信息；为商业合约做好准备，最终达成交易合同。传统的博览会面向一切商品交易，不仅包括参展商所提供的样品交易，还包括有益于生意经营的建议、意见和共识。尽管传统博览会具有特殊的自由性（法律规定的社会权利）、公开性（举办博览会时，所有的外部联系都可以参与其中，并不需要政府认可）和市场性等特征，但随着工业革命和世界科技的快速进步，传统博览会的局限性越来越明显。鉴于此，在传统博览会的基础上提出国际性工业产品博览会（即后来的世界博览会）就成为很自然的事了。

18世纪中叶，随着蒸汽机的发明和改良，很多以前依赖人力与手工完成的工作被机器动力及其生产所取代。这一工业革命以英国为中心，迅速推广到整个欧洲，并于19世纪传播到北美地区。这一时期，英国成为政治、经济、技术最发达的资本主义国家，为展示他们的工业成果，推广先进的工农业机械、开启新的市场便成为一种必然。1754年英国成立"艺术、工艺与商业促进发展学会"（1847年更名为皇家艺术学会），鼓励各种促使工商业发展的技术创造和发明。1765年，英国艺术学会颁发奖品，鼓励新农具和各种农业机械的制造，如微型风车、手纺车、脱粒机、苹果榨汁机、轮船模型及纺织机械等，并鼓励各种技术创新和发明。这一奖励之举，开创了博览会的先河。

为了与英国竞争，1798年，法国政府在巴黎召开了第一次国内工业产品博览会，展示法国的艺术、军事以及工业成果。最引人注目的自然是工业产品，这个时期的法国经历了工业革命，各种工业的"新奇之物"甚至"胜过英国及其他国家"。在博览会结束之际，内政部长纳夫夏托发表了充满挑衅性的总结发言："尽管我们的展览会不是很大，但我们以后必须回忆起这是我们的第一次战役，是一场使英国工业利益损失惨重的战役，我们的制造业将是打击英国力量最致命的军火库。"在最后的报告中，委员会高声宣布："我们可以向我们的政府通告，法国从邻国的工业奴役中摆脱出来的时刻已经到来！”

法国人不仅仅把1798年博览会展示的产品看成是可以购买并使用的物品，更是看成了法国工人拥有杰出天才的证明。在整个19世纪，手工艺以及制造有用的日常生活用品的技术受到广泛的推崇和赞扬，这给予工业以极高的地位。国内展览会的形式被保留了下来，自1801年到1849年，法国先后在巴黎举行了不下10次国内工业品展览会，每一次都比前一次的规模更大，这些展览会极大地促进了法国工商业的发展。

法国在巴黎举办博览会所取得的巨大成就，给欧洲其他国家带来了重大影响。后来，奥地利、西班牙、意大利、荷兰、德国、丹麦、瑞典等国都先后建立了国内博览会制度，并认识到其重要作用，定期举行。自1801年至1851年，欧洲各国共举办了超过150次法国模式的国内工业展览。

纳夫夏托在法国第一届国内工业产品博览会上那充满挑衅意味的宣言深深刺痛了骄傲的英国人。在法国1849年的国家工业品展览会之后，英国决定在伦敦举办一届工业品展览会，以打压法国人的嚣张气焰。当涉及这届展览会究竟面向国内还是世界的问题时，阿尔伯特亲王明确提出：这次伦敦博览会必须是国际性的，要有外国产品参展，并要求能在伦敦海德公园中找个最好的展览场地，以举办一次展览规模宏大的世界博览会。由此，伦敦展览会决定面向世界各国，展览会的名称为“万国工业品博览会”，特别强调了“万国”。这一颇具历史远见的决定，将展览会从国内推向了国际，开创了世界博览会的先河。

其实，英国有理由拥有这样的雄心壮志，毕竟工业革命起源于英国，而且，当时英国的国内经济形势也容许这样野心勃勃的计划成为现实：

首先，英国有雄厚的经济实力。到1850年，英国占有世界工业总产值的39%，世界贸易交易量的21%。铁产量超过所有国家铁产量的总和，煤产量占世界总产量的2/3，棉花产量占世界的50%以上。到1851年，英国拥有22条铁路，总长度约达13 000千米以上。

其次，自由贸易已成为英国的国策。英国在1846年废除了《谷物法》，1849年废除了《航海法》，这两个法律的废除，意味着开放的“文明”、“进步”和“自由贸易思维”在国会中得到确认。英国是工业革命的领头羊，并在乐观、自信和勇于竞争的精神鼓舞下，提出了把国内工业品展览会上升为国际性博览会的要求。

伦敦万国工业品博览会举办的目的，是展示英国工业技术的发展成就，维多利亚女王以国家名义，通过外交途径邀请十多个国家参展。展览期间进行评比，开展工艺宣传以及娱乐活动，内容丰富多彩，这成了之后各国举办世界博览会的基本模式。这次世界博览会虽经历了一些曲折，但经过努力，终于在1851年5月1日的伦敦正式开幕了。在世界博览会开始筹备时，维多利亚女王提议海德公园免费向公众开放。英国商人投资在海德公园建造的水晶宫，吸引了全世界600多万游客前去参观。人们惊叹于工业革命带来的奇迹。在十万余件展品中，最吸引人的莫过于各种各样新奇的机器，这些由蒸汽驱动的机器轰隆隆地开着，承担着以往只能靠畜力或人力才能完成的工作。这届世博会取得了空前的成功，大大推动了工业的大发展和科技的大进步。英国《经济学家报》评论说："这次大型博览会是这伟大的半个世纪的终幕，也是即将来临的半个世纪的出发点。"

伦敦世博会取得了巨大的成就，这让美国人既羡慕又嫉妒，他们也想向世界展示新大陆取得的成就。在伦敦世博会还没有闭幕时，美国的报纸就连篇累牍地刊登文章，要求在纽约市举办第二届世博会。19世纪中期，纽约经济快速发展，迅速崛起，已经具备了举办世博会的经济基础。为了充分借助伦敦的名气，纽约世博会的名字也叫"万国工业品博览会"，甚至还复制了一个水晶宫。在各方的共同努力下，纽约世博会于1853年7月14日正式开幕，诗人大唱赞歌，纽约水晶宫被赞美成"民族工业的圣殿"，到处洋溢着一派繁荣的景象。这届世博会的目的是展示世界各地新的工业成就，更为重要的是，美国作为一个年轻的国家，也想向世界表现自己。

法国原本想把1849年的国内工业品展览会办成一届国际性的展览会，但由于种种原因没有实现。可是英国和美国举办的博览会不仅模仿了法国的模式，而且抢在法国的前头把博览会办成了世界性的。法国皇帝拿破仑三世意识到，法国需要重新夺回博览会鼻祖的地位，所以，不甘落后的法国人在伦敦世博会尚未闭幕时，就开始筹划巴黎世博会了，并于1855年在战神广场举办了"巴黎农业、工业和艺术世界博览会"。表面上说，这届世博会是为了纪念滑铁卢战争结束后欧洲和平四十年，但深层的动机却是欧洲大国的竞争，法国想确立工业领域的霸主地位。

在这之后，英国、法国、美国、奥地利以及荷兰等国又分别举办了数届世博会，展示工业革命的成果。回顾这段精彩的历史，不难发现，一切始于竞争，而激烈的竞争源自工业革命，各个国家以举办世博会为荣耀，也把举办世博会作为提升形象、刺激发展的机会。如果没有各国源自工业革命的较量，就不会有世博会，人类的科学和技术发展也不会如此迅速。各国的工业较量成就了世博会，而世博会也促进了世界范围内工业的快速发展。

第三节

世博会展示大国工业迅猛发展中的新发明、新创造

世博会是工业革命的产物，展示技术创新和进步是其永恒的主题，而这一主题又不断催生着新发明、新创造的出现。自1851年伦敦万国工业品博览会以来，每一届世博会都反映了当时最新的科学进步和技术水平，并具有强烈的预示未来的作用。世博会也是诸多产品的传播平台，通过世博会，这些产品为人熟知，进入人类的日常生活，大大提高了人类的生活质量。

1851年的伦敦万国工业品博览会，世人对其有极高的评价，谓之“万人狂热”。有人说这次博览会的“目的是展示人类智慧征服自然所取得的所有进步”，“使得各阶级的人都增大了知识面，扩大了兴趣范围，并扩展了新的利害关系”。还有的人评论说“此次博览会是使人类脱离无知的各种进步的世界性集会”。这届世博会展示了工业革命带来的经济成就和参展国先进的工业产品，如大功率蒸汽机、高速汽轮船、气压机、起重机、机床以及先进的炼钢法、隧道和桥梁模型等。

1853年美国纽约世博会展示了奥迪斯的电梯，为人们在钢筋水泥丛林间的上下穿行提供了便利；洗衣机、缝纫机以及化学加工皮革过程等都得到广泛关注，人们享受着科技发展给自己的生活带来的神奇变化。

1855年法国巴黎世博会展示了混凝土、钢制品、铅制品和橡胶等。

1862年英国伦敦世博会展示了德国人发明的人造染料等。

1867年法国巴黎世博会展示了灯塔、海底电缆、水力升降机等。

1876年美国费城世博会展示了美国和其他13个国家制造的机械产品以及动力织布机、水泵、电缆、火车头、印刷机、打字机和贝尔发明的电话机等。

1878年法国巴黎世博会上，爱迪生带来了留声机，并且改进了贝尔发明的电话机，使电话真正开始投入使用。

1889年法国巴黎世博会展示了高达300米的埃菲尔铁塔，体现了整个世纪的工业技术建筑成就，展示了连续显示的照片装置、新型感光胶片以及借此发明的电影机。

1900年法国巴黎举办的“世纪回眸”世博会展示了地铁模型和19世纪的科技成就，以及大型发电机、无线电收发报机。

1904年美国圣路易斯世博会展示了飞机和无线电。

1933年美国芝加哥世博会展示了航空研究取得的成就、吊篮气球等。

1939~1940年美国纽约世博会展示了磁带录音机、电视机、电视摄影机、尼龙、塑料制品等。

1964~1965年美国西雅图世博会展示了航天器等。

1970年日本大阪世博会展示了第二次世界大战后日本各方面的发展成就。

1986年加拿大温哥华世博会展示了新开发的通讯产品。

1993年韩国大田世博会展示了韩国经济腾飞的成就。

2000年德国汉诺威世博会展示了人类、自然、科技协调发展的新成就。

2005年日本爱知世博会回顾了人们运用自己的智慧和技术将人类与自然的关系重新连接起来的过程，并展现了在经济、科技各方面所获得的成就。

2008年西班牙萨拉戈萨世博会展示了污水治理以及饮用水的净化等先进技术。

举办世博会有助于推动主办国和参展国在经济、文化、旅游、环保、艺术交流等方面的发展。世博会在经济、贸易方面所取得的成果，也许在短期内无法显现，但却能为未来发展创造良好的环境。世博会也有助于推动城市基础设施建设、城市规划和城市改造，改善城市居民居住环境等。世博会所建设的一些标志性建筑，在世博会闭幕后一般都被保留，成为社会、文化、科技、建筑和美学方面的时代象征。如1970年日本大阪世博会中心展品“生命之树”，表现了“生命的力量”，这届世博会的成功举办是第二次世界大战后日本经济复苏的标志，不仅振奋了日本人民的精神，而且让世界人民重新认识了日本，改变了过去日本的形象，并告诉人们要珍惜生命，爱护生命。

从世博会展示新产品的无数事实中可以看出，人类的智慧和创造力是无穷无尽的。人们只要以科学的态度为指导，合乎规律地发挥其作用，就可以使其为人类社会、国家建设和人民福利服务。

第四节

工业、世博与环境

工业革命之后，随着资本主义生产方式的产生，科技快速进步，生产力水平迅速提高，人类改造和利用自然的能力大大提升，工业取得了巨大的发展。然而，各种工业生产的同时也产生了大量污染物，导致环境的恶化。发动机推动了现代化大小汽车的前进，但同时其尾气也形成了光化学烟雾和酸雨；曾经大量在农业生产上使用和散布的合成杀虫剂和化肥，也变成了有毒的污染物，污染了我们的水和土壤，甚至餐桌上的食物；石化工业在生产出塑料、去垢剂和众多其合成化学品的同时，也产生了几乎同样多的有毒污染物；火力和核发电厂发出了电力，但前者释放了过多导致地球过热的气体——二氧化碳，后者留下了大量具有放射性的废料，而且这些废料将在核工业本身退出历史舞台后的几十年甚至上百年继续存在。

在工业化的早期，人们尚未认识到环境污染和生态破坏的严重性，对工业发展所带来的大量排放物以及自然资源的大量消耗，并未给予应有的重视和警惕。直到环境污染已经严重到威胁人类生存的时候，人们才意识到掠夺式工业发展的弊端，才开始反思人类文明的发展历程，开始真正体会到环境污染对社会进步的巨大破坏力。

世博会起源于工业革命，与工业有着密不可分的关系。20世纪五六十年代以前的世博会，是以欧洲各国的政治、经济、科技发展为出发点，主要展示人类的先进科学和技术进步成就，追求经济利益的最大化。那时也没有意识到人类环境和自然资源的重要性，这种短视的功利主义、实用主义和大国主义的思想，加快了自然资源消耗、环境恶化和生态平衡破坏的速度。回顾这一历史发展过程，在那个时候，世界环境问题、自然资源问题和生态平衡问题还没有被提到有关人类自身生存和发展的议事日程上来。因此，那个时候的世博会与自然资源、环境保护事业基本上是分离的，互不相关的。而且在当时，欧洲一些大国工业的发展，给人类带来了经济利益和物质文明，也使人类产生了驾驭、主宰、征服自然的意识，结果在一定程度上助长了人类对大自然不计后果的掠夺和征服，使世界环境问题日趋凸显和严重。

20世纪中后期，集中在工业化国家爆发的一系列环境灾难，给人们留下了惨痛的记忆：1952年12月英国伦敦的烟雾事件，致使4天中有4 000余人死亡，之后的两个月中又有近8 000人死亡；1955年洛杉矶汽车尾气污染形成光化学烟雾，造成400多人死亡；1956年日本水俣镇发生了甲基汞中毒事件（俗称"水俣病"），先后有1 400多人死亡，受威胁者达2.5万人……这样的名单还有很长很长，可以说人类的惊醒是从遭到的残酷报复开始的。20世纪60年代末至70年代初，接踵而至的自然灾害也令保护生态环境、拯救人类家园的呼声在世界范围内逐渐高涨。环境保护的话题，以前所未有的沉重姿态出现在世人面前。世博会作为交流全球共同面临问题的重要平台，其关注的焦点也开始转变。自1958年"科学、文明、人性"的布鲁塞尔世博会起，1967年"人类与世界"的蒙特利尔世博会与1970年"人类的进步与和谐"的大阪世博会，都开始反省人类进步的负面影响；1974年的斯波坎世博会第一次打起了环境保护的大旗，这是世博会历史上一个真正的转折点，自此之后的各届世博会，始终关注人类与自然的关系，关注人类共同面临的问题。

应该说，不合理的工业发展方式造成了环境破坏，虽然不能说早期世博会宣扬的技术进步与工业发展是环境恶化的罪魁祸首，但是，这种当时的主流价值观确实在一定程度上起到了推波助澜的作用。然而，随着人们对环境问题的觉醒，世博会关注的焦点已经不再是炫耀人们征服自然的成就，而是试图寻找一条人与自然和谐发展的道路。世博会的演变史，与世界环境的变化史是同步的，现代世博会也以其在全球的影响力，将先进的环境保护观点和经验技术传播到世界各地，为环境保护事业的发展作出巨大的贡献。

第二章

大自然的报复：资源枯竭和环境污染

早期的世博会对经济进步曾一度顶礼膜拜，科学技术成为人类征服自然的帮凶，人类巨大的创造力和建设能力遍及全球各地，形成了对大地、山川、江湖、森林、生物、物种、矿源、海洋甚至南北极和太空的全面影响。人类用双手和智慧在地球这个优越环境中创造了高度文明，同时又用双手和智慧破坏了人类赖以生存和发展的环境。正是因为这样，自然也开始向人类发起进攻，对人类进行疯狂的报复。

如今，环境恶化已经上升为全球人民共同面临的问题。地球气象状况的变化已经反复无常，南极上空出现了巨大的空洞，水资源短缺和水质污染的国家和地区数量急剧上升，海洋成了公共排污池，热带雨林不断消失，灭亡物种的数目令人瞠目结舌，垃圾包围了城市……仔细审视一下我们有限的资源和当今的环境危机，很容易发现我们对于“进步”的信仰是一个残酷的神话。

第一节

水资源短缺与水质污染

水是生命之源，没有水就没有生命。虽然地球超过70%的表面积是水，但只有3%是淡水资源，其中，仅有1%的淡水是人类可以利用的，其余的大部分要么冰冻在地球的极地地区，要么深藏在地下，难以开采。全球用水量在20世纪增加了6倍，其增长速度是人口增长速度的两倍，很多地区正面临水资源匮乏的危机。联合国教科文组织认为，由于分布不均、管理不善、环境污染及基础设施投入不足等原因，全球约有1/5的人无法获得安全的饮用水。据估计，到2030年，城镇人口比例将增加至近2/3，从而造成城市用水需求激增，届时居住在棚户区和贫民区的20亿人口的基本生存将因缺乏清洁用水和卫生设施而受到严重威胁。

美国国家大气研究中心（NCAR）的科学家结合计算机模型分析了世界范围内1948年到2004年间925条河流的流量（接近全世界河流水量的3/4），结果表明，接近1/3的河流——包括西非的尼日尔河、南亚的恒河以及中国的黄河——水量都变少了。英国《独立报》引用的一项统计数字也显示，目前，在全球500条大河中，超过半数严重枯竭。河流水量的减少加剧了人类面临的淡水供应

严重缺水的地区

危机。根据世界自然基金会的统计，遭破坏最严重的河流“已经面临最严重的威胁或正在承受最糟糕的后果”，河流中的大量淡水生物灭绝，水资源严重短缺。

此外，随着工业进步和社会发展，水污染亦日趋严重，不仅减少了可利用的水资源，而且水体中大量的有毒有害物质也严重威胁着人类的健康。20世纪中后期，世界各国经济飞速发展，但由于缺少环境保护措施，水污染导致的公害疾病泛滥成灾。

1956年，日本水俣镇的甲基汞中毒事件（俗称“水俣病”），是最早出现的由于工业废水排放污染而造成的公害病。这种病症因最初出现在猫身上而被称为“猫舞蹈症”，生病的猫步态不稳，不断抽搐，甚至跳海“自杀”。不久之后，一些当地的人也患上了这种奇怪的疾病，患者轻者口齿不清、步履蹒跚、面部痴呆、手足麻痹甚至变形、知觉出现障碍，重者精神失常，直至死亡。后来的研究表明，这种疾病是日本氮肥公司排放的工业废水污染了河水造成的。日本氮肥公司排放的废水中含有大量的汞，汞离子在水中被鱼虾摄入体内后转化成甲基汞（CH_3Hg）——这是一种损害神经系统的有毒物质。受污染的鱼虾被动物和人类食用而最终在人体内富集，导致神经衰弱综合征，如精神障碍、昏迷、瘫痪、震颤等，并可损害肾脏，重者可导致急性肾功能衰竭，此外还可以致心脏、肝脏损害。据统计，有数十万人食用了水俣湾中被甲基汞污染的鱼虾。截至2006年，先后有2 265人被确诊患有水俣病，其中大部分已经病故。

骨痛病是20世纪50年代又一起发生在日本的水污染公害病。1952年，人们发现位于产稻区富山平原中神通川里的鱼大量死亡，两岸稻田出现一片片死秧。1955年，神通川沿岸的一些地区出现了一种怪病，开始时，人们只是在劳动之后感到腰、背、膝等关节处疼痛，休息或洗澡后可以稍微好转。可是如此几年之后，疼痛遍及全身，正常活动受到限制，就连大喘气时都感到疼痛难忍。后来病人的骨骼软化，身体萎缩，骨骼出现严重畸形，严重时，一些轻微的活动或咳嗽都可以造成骨折。最后，病人不能吃饭，不能喝水，卧床不起，呼吸困难，病态十分凄惨，最终在极度疼痛中死去，因此这种病被称为“骨痛病”。在神通川两岸，多年来已发现280多例骨痛病人，至引起重视时已有34例死亡，活着的病人依然在疼痛中挣扎。后来经过调查发现，骨痛病是典型的慢性镉（Cd）中毒。原来在日本明治初期，三井金属矿业公司在神通川上游发现了一个铅锌矿，于是在那里建了一个铅锌矿厂。铅锌矿石中含有镉，这个工厂在洗矿石时，将大量的含镉废水直接排入神通川，严重污染了神通川的河水。河两岸的水稻用这种被污染的河水灌溉，有毒的镉经过生物的富集作用，产出了含高浓度镉的稻米。人们长年吃这种被镉污染的大米，喝被镉污染的神通川水，久而久之，身体内富集了大量的镉，这种重金属主要蓄积于肾脏，对肾脏造成损害，并抑制维生素D的活性。维生素D是人体不可缺少的营养素，缺乏维生素D会妨碍钙、磷在人体骨质中的正常沉着和储存，导致骨软化，最终疼痛而死。

1986年11月1日，莱茵河畔的瑞士巴塞尔市桑多兹化工厂仓库失火，灭火剂和水携带着近30吨剧毒的硫化物、磷化物和汞化物流入莱茵河。顺流而下的剧毒污水导致150千米范围内的60多万条鱼被毒死，500千米以内河岸两侧的井水无法饮用，靠近河边的自来水厂关闭，啤酒厂亦不得不停产。这些剧毒物最终沉积在河底，莱茵河因此而"死亡"20年。

1994年7月，淮河上游的河南境内突降暴雨，颍上水库水位急剧上涨，超过防洪警戒线，因此水库决定开闸泄洪，将积蓄于上游一个冬春的2亿立方米水放了下来。水经之处河水泛浊，河面上泡沫密布，顿时河中鱼虾皆亡。下游一些地方居民的饮用水虽然经过了自来水厂的处理，但仍未能达到饮用标准，当地居民饮用这些水后，出现了恶心、腹泻、呕吐等症状。经取样检验证实，原因是上游泄洪的水导致自来水水质恶化，沿河以淮河水为水源的各自来水厂被迫停止供水达54天之久，百万淮河民众饮水告急，不少地区花高价远途取水饮用，有些地方甚至出现千金难购一瓶矿泉水的场面，这就是震惊中外的"淮河水污染事件"。

2000年1月30日，罗马尼亚境内一处金矿污水沉淀池，因积水暴涨发生漫坝，含有大量氰化物、铜和铅等重金属的污水流到多瑙河的支流蒂萨河，然后顺流而下，迅速汇入多瑙河，并向下游快速扩散，造成河中鱼虾大量死亡，河水无法饮用。匈牙利、南斯拉夫等多瑙河下游国家也深受其害，国民经济和人民生活都遭受一定程度的影响，但更为严重的后果是这些剧毒的污水破坏了多瑙河流域的生态环境，从而导致了一系列连环的生态灾难。

这些重大的水污染事件虽然已经成为历史，但是，至今回想起来依然令人心有余悸。一两年时间内，一条原本清澈的河流就可能被污染成所有生物都销声匿迹的"死河"，但是要修复被污染的水体，往往需要花费几十年甚至上百年的时间。巴黎治理塞纳河用了50年，伦敦治理泰晤士河用了近100年，上海治理苏州河用了20年，而我国滇池和淮河的治理已经投入了大量的资金，花费了20多年时间，依然没有成效。

虽然已经有前车之鉴，然而，当前世界的水质情况依然非常严峻。据测算，目前全球每分钟有85万吨污水排入江河，每年污水排放量达4 500亿立方米之多，被污染的淡水高达5.5万亿立方米，这相当于全球径流总量的14%以上。由于发展中国家在水资源保护方

未经处理的污水直接被排放到水体中

面的投入不足，水质污染状况更为严重。印度每天有200多万吨工业废水直接排入河流、湖泊及地下，造成地下水大面积污染，各项化学物质严重超标，其中，铅含量比废水处理较好的工业化国家高20倍。

此外，大量生活污水和城市废弃物被直接排入河中，也是造成水质污染的一个重要因素。如恒河最大的支流——亚穆纳河，流经德里，据估计，德里58%的城市废物都直接扔入河中，然而数以百万计的印度人仍然依赖这条乌黑、发臭的河流解决生活用水。恒河的情况也是如此，这条被印度人认为最圣洁的河流面上漂着垃圾，浑浊的河水中细菌的含量超出国际标准达4 000倍，已被列入世界污染最严重的河流之一。

我国的水质状况也不容乐观，根据中国环境状况公报的统计，2008年，全国废水排放总量为572亿吨，比上年增加2.7%；化学需氧量排放量为1 320.7万吨，比上年下降4.4%；氨氮排放量为127.0万吨，比上年下降4.0%。在200条河流的409个断面中，Ⅰ～Ⅲ类、Ⅳ～Ⅴ类和劣Ⅴ类水质的断面比例分别为55.0%、24.2%和20.8%；28个国控重点湖（库）中，

污染严重、极度肮脏的恒河

Ⅰ～Ⅲ类水质的断面比例为21.4%，Ⅳ～Ⅴ类占39.3%，劣Ⅴ类达39.3%。

水与我们每个人的生活息息相关，我们要喝水，用水做饭、洗衣服、洗澡。被下水道的污水和排泄物污染的水很容易传播许多疾病，比如霍乱、肠道传染以及其他一些疾病。据世界权威机构调查，在发展中国家，各类疾病中有8%是因为饮用了不卫生的水而传播的；全球每年因饮用不卫生的水而造成的死亡人数高达2 000万人，因此，水污染被称作“世界头号杀手”。

第二节

汽车与大气污染

世博会从一开始就是一个展示新产品和新技术的舞台，许多我们熟悉的东西都是在世博会上首次亮相并走进寻常百姓家的，今天已经成为人们日常交通工具的汽车就是以这种方式为人们所熟知的。

1889年的巴黎世博会上，来自世界各地的2 000万观众在高高耸立的埃菲尔铁塔下，观赏了两位德国工程师戴姆勒和本茨制造出来的汽车雏形。至此之后，汽车不断革新与改进，并与世博会结下不解之缘，成了世博会上的常客。1893年芝加哥世博会上，戴姆勒设计的四轮汽车得到了很多游客的注目，也引起了年轻的福特的注意；1904年美国圣路易斯世博会上，100多辆汽车成为世博会交通馆里的新贵；1906年的意大利米兰世博会为汽车设立了专馆，作为新科技产品的汽车得到了世人的高度重视；1909年美国西雅图阿拉斯加太平洋世博会上，纽约到西雅图的汽车赛成为开幕式的重要组成部分，这时福特已经创立了福特公司，他的T型车参加了此次车赛，并获得冠军；1915年巴拿马世博会上，福特汽车公司更是在世博会现场向观众展示汽车生产流水线，并现场销售这一款新颖实用的交通工具，令观众大开眼界……那个时候的汽车还是奢侈品，随着汽车流水线生产的发展，生产成本大幅下降，汽车逐步从世博会的展品台走入千家万户，给人们的生活带来巨大的便捷。

然而，让人遗憾的是，在提高人类生活质量的同时，汽车发动机中的汽油或柴油，在燃烧时会产生大量对环境有害的污染物质，对人们的健康造成巨大威胁。

从最早出现的新型大气污染事件——洛杉矶光化学烟雾污染事件开始，人们意识到汽车尾气的危害。洛杉矶是个阳光之城，这里气候温暖、风景宜人，非常适合居住。然而自20世纪40年代初开始，这座城市一改以往的温柔，变得“疯狂”起来。每年从夏季至早秋，只要天气晴朗，洛杉矶上空就会弥漫着一种浅蓝色烟雾，使整座城市的空气变得浑浊不清。这种烟雾使人眼睛发红、咽喉疼痛、呼吸憋闷、头昏、头痛。1943年以后，烟雾更加肆虐，致使距离城市100千米以外海拔2 000米高山上的松林大片枯死，柑橘大量减产。洛杉矶光化学烟雾事件揭开了城市大气污染的"新篇章"，仅1950年和1951年两年，美国因大气污染造成的损失就高达15亿美元。1955年，因呼吸系统衰竭死亡的65岁以上的老人达400多人；1970年，约有75%以上的市民患上了红眼病。

光化学烟雾是由汽车尾气造成的，一般发生在湿度低、气温在24~32℃的夏季晴天的中午或午后。洛杉矶在20世纪40年代就已经拥有250万辆汽车，这些汽车每天大约消耗1 100吨汽油，并排放1 000多吨碳氢化合物（CH）、300多吨氮氧化合物（NOx）和700多吨一氧化碳（CO）。汽车尾气中的烯烃类碳氢化合物和二氧化氮（NO_2）被排放到大气中后，在强烈的阳光紫外线照射下，会吸收太阳光中的能量，从而变得不稳定，原有的化学链被破坏，生成由臭氧、过氧乙酰基硝酸酯（PAN）和醛类等强氧化剂组成的一种浅蓝色的烟雾，加之洛杉矶三面环山的地形，烟雾扩散不开，停滞在城市上空，形成污染。

洛杉矶光化学烟雾事件被称为"世界八大公害"之一，虽然至此人们意识到了汽车尾气的危害，但是汽车的数量依然有增无减，如今汽车尾气已经成为大气污染的"元凶"，有关研究表明，目前各类机动车辆尾气污染已占城市大气污染物的70%以上。这些污染物中有100多种有害物质，除了形成光化学烟雾，汽车尾气中的铅化合物、一氧化碳以及烟尘也都会对人体健康产生严重危害。

汽车尾气中的铅化合物具有剧烈的毒性，随呼吸进入血液循环后，会迅速地蓄积到人体的骨骼和牙齿中，铅化合物干扰血红素的合成，侵袭红细胞，会引起贫血，损害神经系统，严重时会损害脑细胞，引起脑损伤。铅能透过母体进入胎盘，危及胎儿。当儿童血液中的铅浓度达到0.6~0.8 ppm时，会影响儿童的生长和智力发育，甚至出现痴呆症状。杜邦公司和标准石油公司刚开始生产含铅汽油时，便引发了多起因铅污染而导致的死亡事故。1986年，美国政府颁布了禁止出售含铅汽油的法规。

汽车尾气中还含有高浓度的一氧化碳，它可经呼吸道进入肺泡，被血液吸收，与血红蛋白相结合，形成碳氧血红蛋白，降低血液的载氧能力，削弱血液对人体组织的供氧能力，导致组织缺氧，从而引起头痛等症状，重者甚至会窒息死亡。

汽车尾气中还发现有32种多环芳烃，包括苯并芘等致癌物质。当苯并芘在空气中的浓度达到0.012 $\mu g/m^3$时，居民患肺癌的几率会明显上升。离公路越近，公路上汽车流量越大，肺癌死亡率就越高。

穿梭于大街小巷的无数辆汽车在大量排放有害尾气的同时，也是惊人的活动散热器，它们和空调、冰箱等制冷电器一样不停地吞能吐热，使城市的“体温”不断升高，大大加强了城市的热岛效应。

拖着“黑尾巴”的汽车

2003年夏天是欧盟各国60年来最热的一个夏季，气温持续超过40℃。在8月的前两周，法国比往年同期的死亡人数增加了11 400人，其中以老年人居多。其他欧盟国家也面临着同样的情况。法国环境部下属的国家空气质量监测机构经研究发现：除了气候因素外，空气污染是这次酷热的元凶。法国空气环境国家委员会主席贝尔纳称：“虽然到目前为止还没有确切的数据来表明空气污染严重到何等程度，但可以肯定的是，2003年夏天，由于酷热而死亡的人中有上千人的死因是与空气污染直接相关的，所以我们每个人都要意识到由汽车造成的空气污染的严重危害性。”

2005年，我国机动车尾气排放在城市大气污染中的贡献率已达到了79%以上。世界银行估计，仅因空气污染导致的医疗成本增加以及工人生病丧失的生产力，使得中国GDP被抵消掉5%。英国报刊在一篇题为《毒雾笼罩北京》的文章中说，北京的空气质量本来已经得到了改善，可是由于车辆增加速度过快、汽车使用的汽油质量低劣等问题，北京已成为全球汽车尾气污染最严重的城市之一。2005年4月，北京重度污染的天数甚至赶上了重污染城市呼和浩特。虽然奥运会的召开让北京的大气环境大大得到改善，但是汽车尾气造成的污染依然不容忽视。

第三节
海洋污染

海洋是生命的摇篮，是人类的"第二故乡"。联合国统计资料称：海洋面积广阔，占地球表面积的71%，约计3.6亿平方千米，海水占地球总水量的97%以上，具有广阔的空间和丰富的石油、天然气、矿产等资源。尤其是矿产资源，远远超过了陆地同类资源的总量。

海洋中有近20万种生物，其中有18万种动物和2万种植物。可供人类食用的鱼、虾、贝、藻类每年达6亿吨以上。目前，海产品提供的蛋白质约占人类食用蛋白质的22%。

自然界中已发现的元素有92种，其中海水中就含80多种。海水中各种再生能源的蕴藏量每年达300 000~400 000万亿吨标准煤，潮汐能每年约有30亿吨标准煤。此外，海浪能、海流能、温差能、盐度能等可开发利用的总量在1 500亿千瓦以上，相当于全世界发电总量的十几倍。

但长期以来人类对海洋缺乏认识，仅停留在"渔盐之利，舟楫之便"上。随着科学技术的发展，人们对海洋的认识逐渐深化，人类与海洋的关系也发生了很大的变化，我们的生活开始影响到海洋。早期的世博会，开发和利用海洋资源的技术往往成为各国炫耀的重点，这些技术，经世博会这样一个交流平台展示之后，往往能得到广泛的传播，从而进一步促进人类对海洋资源的索取。另外，随着人口和工业的增长以及向沿海地区的聚集，人类向海洋排放的污染物也越来越多，严重破坏了海洋环境。

自20世纪50年代以来，随着各国社会生产力和科学技术的迅猛发展，海洋受到了来自各方面不同程度的污染和破坏，日益严重的污染给人类的生存和发展带来了极为不利的后果。统计资料显示：美国每年排放入大海的污水超过200亿吨，工业废渣7 000万吨；日本每年排放入海的污水也超过130亿吨；独联体国家每天排入波罗的海的污水超过300万吨；我国每年也有约100亿吨污水被排放入海洋。这些污水中含有大量极难降解的有毒有害物质，在海洋的自然环境中长期滞留，经过年复一年的积累，其浓度越来越大，毒性越来越强，致使海洋物种锐减。法国著名科学家伊斯柯瓦斯指出：“近半个世纪以来，因为世界海洋的污染，已使成千种海洋生物正在无声无息地消失，尤其是近二十年来，物种消亡的过程迅速加剧。”

2006年10月19日，联合国发布的一份报告显示，科学家在世界各大海洋中共发现了200处“死亡地带”，这些海域污染严重，严重威胁鱼类以及其他海洋生命。而在过去的两年中，“死亡地带”的数量已经激增了34%。“死亡地带”的产生主要归咎于人类排入海洋的磷和氮等富营养物质，这些营养物质导致藻类疯狂生长，往往覆盖好几万平方英里的洋面，在海洋中造成一种缺氧环境，从而使大量海洋生物缺氧而死，造成世界“死亡地带”的数量和面积急速增加。根据联合国一项最新研究结果显示，到2030年，世界上的江河向海洋中输入的氮将比20世纪90年代中

曾经五彩斑斓的珊瑚，如今已死于环境污染

期多14%。罗伯特·迪亚兹是美国弗吉尼亚威廉与玛丽学院的一名海洋生物学家，他领导下的科研人员在芬兰的多岛海、加纳的浮苏泻湖、中国的珠江三角洲和长江以及英国的默西河河口附近，都发现了“死亡地带”。之后，他们又在希腊的伊拉西斯海湾和爱琴海、秘鲁的帕拉卡斯海湾、葡萄牙的蒙德格河、乌拉圭的蒙得维的亚湾和印度洋西部发现了新的“死亡地带”。

除了排放大量的污水，人们还向海洋倾倒大量的垃圾。有些垃圾可能一两天就会消失，但有些垃圾可能会存在上百万年都不会分解，这对环境的污染是长久而又深远的。1997年，加利福尼亚州的海员查尔斯·摩尔发现了大太平洋垃圾带，洋流把700万吨垃圾带到这里，形成一片直径达数百千米的垃圾带。在这片垃圾带中，到处都充斥着电灯泡、瓶盖、旧牙刷、冰棒棍、塑料碎片等各类生活垃圾。据估计，这个垃圾带大约每十年就会增长一倍。2009年，这个垃圾带的面积大约是德克萨

大太平洋垃圾带，面积已超过印度

第四节
固体废弃物污染

20世纪后，工业发展推动了城市化，城市固体废弃物问题也开始时刻困扰着人们的生活。固体废弃物就是一般所说的垃圾，是人类新陈代谢的排泄物和消费品消费后的废弃物品。目前，城市居民的生活垃圾、商业垃圾、市政维护和管理中产生的垃圾，以及工业生产排出的固体废弃物数量急剧增加。据统计，世界各国的垃圾以高于经济增长速度2~3倍的平均速度迅速增长。不仅数量增长，而且在成分上也与过去有着质的变化。除了大规模的工业废弃物污染以外，生活垃圾中的有毒废弃物污染也屡见不鲜。这种污染物的排放即便停止了，有毒物质也会长期滞留于环境中，威胁人类及其他生物的生存，破坏生态环境的自净循环系统。

“腊夫运河（Love Canal）事件”是典型的因固体废弃物无控填埋而造成的污染事件。腊夫运河位于美国加利福尼亚州，是19世纪为修建水电站挖成的一条运河，长约1 000米，20世纪40年代就因干涸而被废弃不用了。1942年，美国一家电化学公司购买了这条废弃运河来储存工业废弃物。在11年的时间里，这家电化学公司向河道内倾倒的各种废弃物达800万吨，其中包含的致癌废弃物达4.3万吨。1953年，这条已被各种有毒废弃物填满的运河被公司填埋覆盖好后，转赠给了当地的教育机构。此后，纽约市政府在这片土地上陆续开发了房地产，盖了一所学校和大量的住宅，厄运从此降临到当地的居民身上。从1977年开始，各种怪病不断出现在这里的居民身上，孕妇流产、儿童夭折、婴儿畸形，癫痫和直肠出血等病症也频频发生。1987年，这里的地面开始渗出一种黑色液体，引起了人们的恐慌。经有关部门检验，这种黑色污液中含有氯仿（$CHCl_3$）、三氯酚（$C_6H_3Cl_3O$）、二溴甲烷（CH_2Br_2）等多种有毒物质，会对人体健康产生极大的危害。这件事激起了当地居民的愤慨，当时的美国总统卡特宣布封闭当地住宅、关闭学校，并将居民撤离。事出之后，当地居民纷纷起诉，但因当时尚无相应的法律规定，该公司又在多年前就已将运河转让，诉讼失败。直到20世纪80年代，《环境对策补偿责任法》在美国议院通过后，这一事件才得以了结，以前的电化学公司和纽约政府被认定为加害方，共赔偿受害居民经济损失和健康损失费达30亿美元。好莱坞著名电影《永不屈服》就是以“腊夫运河事件”为素材拍摄而成的。

固体废弃物可对环境造成多方面的污染，其危害从腊夫运河事件中可见一斑。如果把固体废弃物直接倾倒入江河湖海，会造成对水体的污染；露天堆放的固体废弃物如果遇到大风天气，其固体颗粒就会随风飞扬，污染大气；固体废弃物在焚化时，会散发二噁英等有毒致癌物和臭气，从而污染大气环境；堆放或填埋的固体废弃物及其渗滤液会污染土壤和水体，并在植物机体内积存，进而进入食物链，最终影响人类健康。

伴随着电子工业的高速发展，不断增加的电子废弃污染物成为继化工废弃物之后环境保护的又一难题。电子废弃物俗称“电子垃圾”，主要包括各种使用后废弃的电脑、通信设备（主要是手机）、电视机、电冰箱、洗衣机等电子电器产品。

电子废弃物是毒物的集大成者。如1台15英寸的CRT电脑显示器就含有镉、汞、六价铬、聚氯乙烯塑料和溴化阻燃剂等有害物质；电脑的电池和开关含有铬和水银，电脑元器件中还含有砷、汞和其他多种有害物质。激光打印机和复印机中含有碳粉，电视机、电冰箱、手机等电子产品也都含有铅、铬、汞等重金属。如果将废旧电子产品作为一般垃圾丢弃到荒野或垃圾堆填区域，其含有的铅等重金属就会渗透出来，污染土壤和水质，经植物、动物及人的食物链循环，最终造成中毒事件的发生；如果进行焚烧，又会释放出二噁英等大量有害气体，威胁人类的身体健康，“贵屿现象”就是一个活生生的例子。

中国贵屿：堆积成山的电子垃圾

联合国环境署发布的一份名为《回收——化电子垃圾为资源》的报告显示，全球电子废弃物以每年5%

遭遇垃圾包围的城市

至8%的速度增加，并将很快攀升至10%以上，发展中国家的情况尤其令人担忧。到2020年，南非和中国的废旧电脑将比2007年翻一番到两番，而印度则将增长5倍。届时，中国的废弃手机将增长7倍，印度将增长18倍。

我国的电子垃圾面临着“内忧外患”的状况。据统计，中国家电业目前已是一个超过6 000亿元市场规模的成熟产业，冰箱的社会保有量达到1.3亿台，空调达到1亿台，年产电视机4亿台。一般来说，电视机的使用寿命为30 000小时，冰箱为10年，洗衣机为8年到9年。从20世纪80年代中后期开始，家用电器陆续进入我国百姓家庭，因此，从现在起到未来几年，中国将出现一个电子废弃物的高峰期。与此同时，近几年大量的国际电子废弃物被走私、运送到我国，我国已经成为世界上最大的电子废弃物聚集地之一。大量的电子垃圾都被简易焚烧后回收，但只能回收少量的金属，却会释放出大量的有毒气体。

各种城市生活垃圾的产量也是逐年增多，目前我国约有2/3的城市陷入了垃圾围城的困境，各个国家的大小城市也都受到垃圾的威胁。如果垃圾按照目前的速度持续增长，在不久的将来，我们生活的蓝色星球将会变成电影《Wall-E》里面那个满目荒芜的垃圾场。

第五节

氟利昂与臭氧层空洞

世博会是新发明和新创造展示的舞台，这些发明和创造对提高人类生活质量作出了巨大贡献，但有些发明在推动人类文明进步的同时，也给人类带来了灾难，1933年芝加哥世博会上展示的氟利昂就是这样一把双刃剑。

氟利昂的发明者是米奇利，在1930年美国化学协会的讲坛上，米奇利深深地吸一口氟利昂，然后喷向燃烧的蜡烛，蜡烛立即熄灭，生动地证明了这种无色无嗅的气体既无毒性也不可燃。氟利昂的沸点为-29.8℃，诸多性能都优于传统的制冷剂氨和氯甲烷，人们以为找到了理想的制冷剂，开始将氟利昂广泛地应用于电冰箱和空调，殊不知却捅下了天大的娄子。1973年，全球仅氟利昂-11、氟利昂-12的产量就达480万吨，其中大部分氟利昂先进入低层大气，再进入臭氧层，成为造成臭氧层空洞的罪魁祸首。

臭氧层是地球的天然屏障，它能够吸收90%的紫外线，对地球上的生物起到保护作用。在大气中，臭氧从地面到70千米的高空都有分布，其中中纬度24千米的高空浓度最大，浓度向极地缓慢降低，最小浓度在极地17千米的高空。

通常，氟利昂是比较稳定的物质，然而，当它被大气环流带到平流层（16~30千米）时，由于受太阳紫外线的照射，容易形成游离的氯离子。这些氯离子非常活泼，容易与臭氧起化学反应，把臭氧（O_3）变成氧分子（O_2）和氧原子（O），而且这种游离氯离子在破坏了一个臭氧分子之后，还可以继续破坏另一个臭氧分子，从而使臭氧总量减少。

臭氧层的臭氧浓度减少，会使太阳对地球表面的紫外线辐射量增加，破坏生态环境，影响人类和其他生物有机体的正常生存。有研究表明：大气中的臭氧每减少1%，照射到地面的紫外线就增加2%，人类皮肤癌的患病率就增加3%，白内障、免疫系统缺陷和发育停滞等疾病的发病率也会大幅上升。居住在南极洲附近的居民已经体会到臭氧层损耗对他们生活造成的影响。如智利南端海伦娜岬角的人们，只要在室外，就要在曝露在阳光下的皮肤上涂上防晒油，并且戴上太阳眼镜，不然半小时后，皮肤就会被晒伤成鲜艳的粉红色，并伴有痒痛。据说那里的羊、兔子，甚至河里的鱼都患有白内障。臭氧层破坏也会对植物产生难以确定的影响。一般说来，紫外线辐射增加会使植物的叶片变小，从而减少吸收阳光的有效面积，减少光合作用。有科学家对200多个品种的植物进行了增加紫外线照射的实验，其中2/3植物的生长受到影响。对大豆的初步研究结果表明，紫外线辐射增加，会使其更易受杂草和病虫害的损害。臭氧层厚度减少25%，可使大豆减产20%～25%。紫外线辐射的增加对水生生态系统也有潜在的危险，波长为208~315 nm的紫外线能穿透10米深的水层，杀死浮游生物和微生物，从而危及水中生物的食物链和自由氧的来源，影响生态平衡和水体的自净能力。如果臭氧层遭到彻底的破坏，太阳紫外线就会杀死所有陆地生命，人类也将遭到灭顶之灾，地球将会成为无任何生命的不毛之地。

20世纪50年代末到70年代，科学家们就发现臭氧浓度有减少的趋势；1985年，英国南极站的科学家首次报道了南极上空自1975年以来，每年早春期间（南极9、10月份）臭氧浓度急剧减少，总浓度减少了40%，出现一个面积和美国整个国土面积相近的空洞；1988年，德国科学考察队又发现北极上空臭氧层也出现一个大空洞，而且范围不断扩大。

臭氧层浓度的急剧减少引起了国际社会的强烈关注，自1976年起，联合国环境规划署陆续召开了各种国际会议，通过了一系列保护臭氧层的决议。1985年4月，在奥地利首都维也纳通过了有关保护臭氧层的国际公约——《保护臭氧层维也纳公约》，该公约自1988年9月生效。但是这个公约只规定了各国、各地区交换有关臭氧层的信息和数据的条款，对控制消耗臭氧层的物质方面却没有约束力。为了进一步对氯氟烃类物质进行控制，在审查世界各国氯氟烃类物质生产、使用、贸易的统计情况后，联合国环境规划署通过多次国际会议的协商和讨论，于1987年9月16日在加拿大的蒙特利尔会议上，通过了《关于消耗臭氧层物质的蒙特利尔议定书》，要求缔约国家逐步减少直至取消使用氟利昂，这一天在1995年被定为“国际保护臭氧层日”。

然而，这些国际行动并没有阻止臭氧层空洞面积的扩大。1993年科学家发现南极上空13.5~17.8千米处的臭氧已完全消失，臭氧层空洞的面积已达2 330万平方千米，比南极洲的面积几乎大两倍，欧洲和北美上空的臭氧层平均减少10%～15%，西伯利亚上空甚至减少了35%。1998年9月，南极上空的空洞面积已经达到2 500万平方千米。2000年9月3日，南极上空的臭氧层空洞面积达到创纪录的2 830万平方千米，超出中国面积两倍以上，相当于三个美国和四个澳大利亚；持续时间超过了100天，这是自南极臭氧层空洞发现以来的最长纪录。

2000年以后，臭氧层空洞的面积趋于稳定，并有小幅缩小，2008年为2 700万平方千米。科学家研究表明，臭氧层正在缓慢地修复中，但是能否回复到原来的水平，以及什么时候能恢复，还是个未知数。

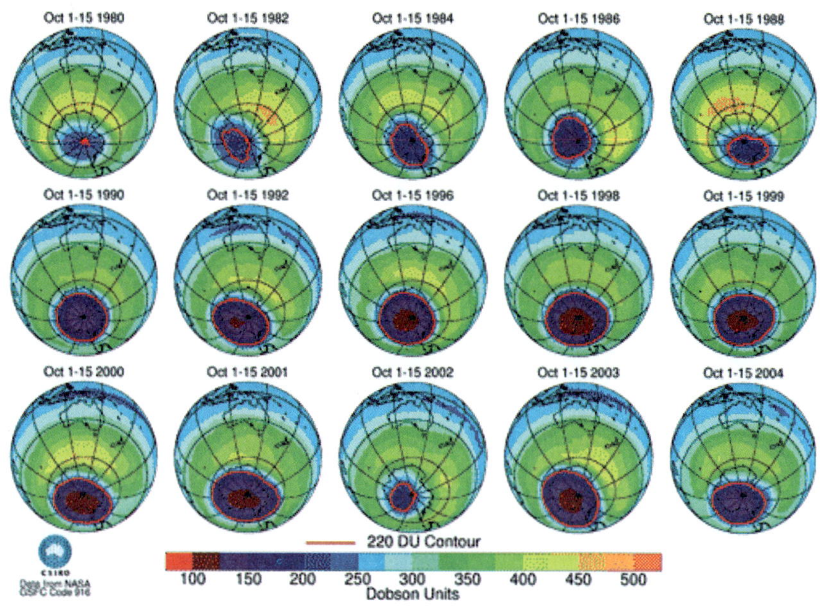

1980~2004年南极上空臭氧层空洞的面积变化

第六节

森林面积在缩小

木材是人类征服自然的另一种“战利品”，世博会上对木材及其制品的展示是人类征服森林的一个缩影。1876年费城世博会的加拿大馆里有一张超巨型的桌子，它是用一棵长约88米、直径约3.6米的松树做成的，横断面上能数出603个年轮。1893年的芝加哥世博会，到处洋溢着木材的芳香，那时仅华盛顿州一年便砍伐树木8亿英尺。1909年的西雅图世博会上，一根加工完毕的阿拉斯加大木可并排坐下53个儿童，巨型的方木骰子有一人多高。西蒙兹公司展示了最先进的伐木器材，圆锯片的直径达4米，人类就是利用这样前所未有的“利齿”向原始森林长驱直入的。

伐木器材越来越锋利，森林面积越来越少

森林是人类环境的重要组成部分，它不仅能提供木材、食品、饲料，而且还能起到防沙、固沙、蓄水、保土、净化大气、调节气候和保护生物多样性等作用，在维护生态平衡中有特殊的功能，所以被人们称为“绿色金子”和天然的“空调器”、“制氧机”、“净化器”、“防疫员”和“除尘器”。

据联合国统计资料称，地球有2/3的陆地曾被森林所覆盖，面积达76亿公顷，但到了近代，森林面积不断减少。联合国粮农组织发布的《2010年世界森林资源评估》显示，将热带森林转为农业用地是导致森林砍伐的主要原因，尽管在过去10年中，森林面积的减少速度已经趋缓，但许多国家的森林砍伐率仍居高不下。2004年，世界森林面积约为39.5亿公顷，占陆地面积的30.3%；到2009年，世界森林总面积增加为40亿公顷，覆盖率为31%。从年变化量来看，1990~1999年世界森林面积总量每年约减少830万公顷，2000~2009年每年约减少520万公顷。

森林减少的主要原因包括砍伐林木、开垦林地、采集薪柴和空气污染等。一是砍伐林木，温带森林的砍伐历史很长，在工业化过程中，欧洲、

被酸雨腐蚀的森林

北美等地的温带森林有1/3被砍伐掉了；二是开垦林地，为了满足人口增长对粮食的需求，一些国家开垦了大量的林地，特别是农民非法烧荒耕作，造成了对森林的严重破坏，据统计，热带地区半数以上的森林采伐是采用烧荒开垦的方式；三是采集薪柴，全世界约有一半人口用薪柴作为炊事的主要燃料，每年有1亿多立方米的林木从热带森林中运出作为燃料，随着人口的增加，对薪材的需求量也相应增加，采伐林木的压力越来越大；四是空气污染，从历史上看，严重的大气污染已导致发电厂和其他工业污染源附近的树木死亡。20世纪初，在不列颠哥伦比亚的吹尔（Trai）有一座炼铜厂，每月排放出10 000吨的二氧化硫，致使该厂北部83.67千米内30%的树木以及南部53.1千米内60%的树木受到影响，要么死亡，要么受到严重损害。20世纪50年代初，华盛顿州斯波坎市的一座炼铝厂所放出的氟化物，使工厂周围7.77平方千米范围内所有的树木死亡，129.44平方千米范围内树木的树叶遭受损害。美国加州因大气污染，造成了某些病虫害的爆发，使100多万株松树变得枯黄，最终死亡，该州每年因大气污染造成的农业损失约1亿美元。奥地利专家经过多年的研究指出：到21世纪，欧洲森林每年将因酸雨而损失1.18×10^8立方米木材。

虽然目前森林面积减少的速度在减缓，但是被破坏的森林连同其生态功能一起消失了，这将引起二氧化碳排放增多、物种灭绝和生物多样性减少、水土流失和土地荒漠化等一系列环境恶果。另外，森林是世界的重要碳汇，在森林生物质、枯木、凋落物和土壤中的碳总量超过了大气中的含碳量，由于森林面积减少，储存在森林生物质中的碳也急剧减少，这在一定程度上造成了大气中二氧化碳的增多。

第七节
土地荒漠化

土地是人类在地球表面生活、生产和生命活动的主要空间场所。土地资源是指在一定技术条件下和一定时间内为人类所利用的土地，它是三大地质资源（矿产资源、水资源、土地资源）之一，是人类生产活动最基本的资源和劳动对象。

土地资源是如此重要，但是翻阅一下人类文明的历史却不难看到，由于人类的无知和傲慢而造成土壤破坏的事例比比皆是。V. G. 卡特和T. 戴尔在名著《土地和文明》中写道："人类踏着大步前进，在走过的地方留下一片荒野。"尼罗河流域、两河流域、印度河口、黄河流域等古代文明发祥地，现在都变成了荒漠。在几经盛衰的北部伊拉克、叙利亚、黎巴嫩、巴勒斯坦、突尼斯、克里特、希腊、意大利、西西里、墨西哥、秘鲁等地也到处可以看到因土壤流失所造成的荒漠景象。

荒漠化被称作"地球的癌症"，1949年，法国科学家奥布里维尔（A. Aubreville）认为非洲热带森林线后退了60~400千米，是滥伐和火烧造成的，并论述了热带森林如何变成热带草原以及最终变成类似荒漠的过程，他把这种环境退化称为"荒漠化"。人类不合理的经济活动是荒漠化的主要原因，反过来人类又是它的直接受害者。造成土地荒漠化的原因主要有人口过量、耕种过度、放牧过度、森林毁坏以及灌溉水平低下等。

20世纪60年代末至70年代初，非洲西部的特大干旱加快了该地区的土壤荒漠化进程。1968~1974年的干旱期曾造成非洲撒哈拉地区（布基纳法索、尼日尔和塞内加尔）的特大干旱，夺走了20万人和数百万头牲口的生命。这场旱灾持续时间之长、破坏之大，令世界震惊。它对经济、社会、政治、环境都产生了深远的影响，引起了人们对土地荒漠化问题的极大关注。为此，1975年，联合国通过3337号决议提出"向荒漠化进行斗争"的口号，并于1977年8月29日至9月9日在肯尼亚首都内罗毕召开荒漠化问题会议，通过了一项全球共同行动的综合方案，制定了防治荒漠化的行动计划，数十亿美元投入了治沙行动，各种抗旱防荒漠化的行动计划也随之产生。1978年联合国环境规划成立了防荒漠化行动中心，旨在帮助有关国家制定防荒漠化计划，评估全球范围内的荒漠化状况，开展专业培训。

不幸的是，20世纪70年代后期至1984年，更加严重的旱灾再次袭来，仅埃塞俄比亚、苏丹和乍得三国的死亡人数就有上百万。全球的荒漠化问题也并没有缓和，反而变本加厉，荒漠土地以每年5~7万平方千米的速度扩大，全球荒漠化土地的面积已达到3 600万平方千米，占整个地球陆地面积的1/4，相当于俄罗斯、加拿大、中国和美国国土面积的总和。对于受荒漠化威胁的人来说，荒漠化意味着他们将失去最基本的生存基础。在撒哈拉干旱荒漠区的21个国家中，20世纪80年代干旱高峰期有3 500多万人受到影响，1 000多万人背井离乡成为“生态难民”。荒漠化已经不再是一个单纯的生态问题，而演变成经济和社会问题。

1992年，在联合国召开环境与发展国际会议的筹备阶段，荒漠化问题重新被提到议事日程上来。在这期间，以非洲国家为代表的发展中国家认为，与工业化国家关心的森林公约相比，荒漠化问题没有得到应有

撒哈拉沙漠南部边缘的廷巴克图，部分地区已经半埋于沙中

的重视。经过努力，各方终于达成共识，认为应该制定一项荒漠化国际公约。1992年6月1日至12日，在巴西首都里约热内卢召开的联合国环境与发展大会上，有一百多个国家元首和政府首脑参加，大会将防治荒漠化列为国际社会优先采取行动的领域。

联合国环境与发展国际会议以后，联合国通过了一项新的决议，就防治荒漠化公约的制定进行全球谈判。先后在内罗毕、日内瓦、纽约、巴黎召开过5次会议。第4次会议于1994年6月6日至18日在法国巴黎召开，6月17日通过了《联合国关于在发生严重干旱和（或）荒漠化的国家特别是在非洲防治荒漠化公约》。1994年10月，112个国家的代表会聚巴黎，举行了公约签字仪式。同年12月，联合国大会通过49/115号决议，决定将公约通过的时间——6月17日作为“世界防治荒漠化和干旱日”。这个世界日意味着人类与荒漠化的抗争从此揭开了新的篇章，为防治土地荒漠化，全世界正迈出共同步伐。

我国是世界上荒漠化危害较为严重的国家之一，尤其是我国的西北、华北北部、东北西部地区（简称“三北”）以其沙漠面积广大和沙漠化速度快而引人关注。历史上的土地荒漠化主要发生在荒漠草原地带和干旱地带的沙漠边缘、河流沿岸或深入到沙漠内部的河流下游地区。而现代的荒漠化从20世纪50年代后期到70年代中期平均以每年1 560平方千米的速度在蔓延，从20世纪70年代中期至80年代后期，更是以年均2 100平方千米的速度在加速扩张。全国沙漠和荒漠化土地面积达153.3万平方千米，占国土面积的15.9%。

荒漠化和干旱给中国的一些地区的工农业生产和人民生活带来了严重影响。中国60%以上的贫困县都集中在这里，其中影响最严重的地区，人民的温饱问题还没有解决。在中国，直接受荒漠化危害影响的人口约5 000多万人。西北、华北北部、东北西部地区（简称“三北”）每年约有2亿亩农田遭受风沙灾害，粮食产量很低，而且不稳定；有15亿亩草场严重退化；有数以千计的水利工程设施因受风沙侵袭导致排灌效能减弱。

中国从来没有停止过对荒漠化的治理，到20世纪80年代末，中国以治沙为主要目的的造林面积达1.5亿亩，保护农田1.65亿亩、草场1.34亿亩。同时还采取围栏封蓄、围建草库仓、飞播牧草等办法积极改良沙化草场，取得了显著成绩。2009年实施的第三次全国荒漠化沙化监测结果显示，我国荒漠化土地面积首次实现净减少，由20世纪末年均扩展近1万平方千米转变为现在年均缩减7 585平方千米，沙化土地由年均扩展3 436平方千米转变为年均缩减1 283平方千米，生态恶化的趋势得到初步遏制。

我国的防护林

但是，形势依然十分严峻，即使我国荒漠化的步伐开始减缓，但是治沙是一项长期工程，我国依然存在大量生态脆弱的地区，需要坚持不懈的努力才能坚守住目前来之不易的些许成果。

第八节

物种资源濒临灭绝

1901年布法罗世博会开幕时，美国总统麦金莱收到的一份空前绝后的请柬——一张完整的美洲豹皮，正面毛色灿然，反面用烙铁烫出“恭请总统参观世博会野生动物馆”的文字。显然，组织者希望用这份独特而昂贵的礼物表达对总统的无上尊敬。当年的美洲豹还没有享受“国家一级保护”的待遇，世上也没有野生动物保护组织存在。在早期世博会上，兽皮、象牙一直都是重要的展品，各国希望以此来表达其征服自然的能力。1851年的伦敦世博会上，著名皮货商尼古拉的展厅摆满了狮子、老虎、北极熊等凶猛动物的毛皮，来自非洲的各种象牙也异常引人注目。1876年费城世博会上，葡萄牙馆从殖民地运来了一个长近2米的象牙。美国汉瑞森公司在1893年芝加哥世博会上，展出了整张大象皮，长6米，宽约5米，以显示狩猎工具和技术的进步。捕鲸技术是早期世博会渔业馆的重头戏，1904年，著名的科学机构史密森尼学院在圣路易斯世博会上展出了栩栩如生的鲸鱼标本。陆生的人类，用事实证明自己完全有能力深入“海底两万里”。地球上的野生动物从来没有遇到过这样强大凶狠的敌人，只能不断走进濒危物种的清单。

2007年，联合国《生物多样性公约》（*Convention on Biological Diversity*）执行秘书朱格拉夫发出警告：人类正处在自恐龙灭绝后的第六次物种大灭绝的危急关头，而导演这一悲剧的正是人类自身。从某种程度上说，这些言论并非全然是危言耸听。

据统计，现在世界范围内，生物物种正以前所未有的速度消失，估计每年有数千种动植物在灭绝。到目前为止，全球野生生物减少了15%～33%。国际自然和自然资源保护联盟发表的调查报告称，从100万年前到现在，平均每50年有一种鸟类灭绝，而最近100年来，平均每年就有一种鸟类灭绝。哺乳动物的灭绝速度更快，在热带森林，平均每天至少有一种哺乳动物灭绝。根据迈尔斯《消失的方舟》一书记载，物种每年灭绝的速度如下：恐龙时期为0.001个；1600~1900年为0.25个；1950年为1个；1975年为

1 000个；20世纪最后的25年连年上升，如今，物种灭绝的速度更是达到了耸人听闻的程度——每小时3个。按照这种速度，到2050年，地球上25% ~50%的物种将会灭绝或濒临灭绝。

成立于1948年的世界自然保护联盟（IUCN）致力于生物多样性、气候变化、能源等方面的研究。这一机构所制定的《受威胁物种红色名录》，是关于全球动植物保护状况最全面的信息源之一。2009年，世界自然保护联盟对全球47 677种动物和植物展开调查，认为其中17 291种存在灭绝风险。

世界自然保护联盟主管红色名录制定的负责人希尔顿·泰勒说："今年的红色名录会让人有清醒的认识，但是这些结果只是冰山一角（还有很多没有调查到的），可能有数以百万计的物种面临严峻威胁。"

入围2009年《受威胁物种红色名录》的粉蓝色豆娘

入围2009年《受威胁物种红色名录》的莴氏普亚凤梨

入围2009年《受威胁物种红色名录》的银背山地大猩猩

造成生物物种多样性受到威胁的原因有很多。有人曾对造成生态系统退化和生物多样性减少的人类活动进行了排序：过度开发（含直接破坏和环境污染等）占35%，毁林占30%，农业活动占28%，过度获得薪柴占6%，生物工业占1%。其中前三项人类活动占到93%，而这些破坏最直观的结果就是造成了物种生境的破碎化，栖息地环境的岛屿化。

另外，外来物种入侵如今也成为威胁生物多样性的一个重要因素，因为人们最初引进物种时，仅是引入了原产地生态系统的一个组分，食物网中的一些天敌或者它所控制的物种是没有办法引进的，这样，因控制

漫山遍野的“植物杀手”——薇甘菊

不好而引发灾难就不可避免，而灾难的一个直接后果是对当地的生态多样性造成危害，甚至带来灭顶之灾，如有“植物杀手”之称的薇甘菊就是一种外来入侵物种。

为了保护濒临灭绝的植物和动物，最大限度保护地球上多种多样的生物资源，以造福子孙后代，1992年，在巴西举行的联合国环境与发展大会上发布了《生物多样性公约》(以下简称《公约》)。《公约》第一次承认保护生物多样性是“人类的共同任务”，是发展过程的一个组成部分，并提出了“保护生物多样性”、“可持续利用生物多样性的组成部分”及“公平合理地分享来自遗传资源的商业性利用和其他利用的利益”三大目标。

中国在大会上签署了此《公约》，成为世界上率先加入《公约》的少数国家之一。实际上，中国生物多样化保护的形势并不容乐观。由于经济的迅猛发展和人口的快速增加，生态环境和自然资源承受着越来越大的压力，生物多样性正受到高度威胁。据了解，中国生物物种数量正以每天新增一个濒危物种甚至灭绝物种的速度减少，农作物栽培品种数量正以每年15%的速度递减，濒危植物物种比例高达15% ~20%，濒危物种达4 000~5 000种。

为履行《生物多样性公约》第6条，即将生物多样性保护和持续利用纳入国家战略和行动计划方案，中国于1994年6月正式发布了《中国生物多样性保护行动计划》，提出了7个领域的目标，共26项行动方案。

自1872年美国建立起世界上第一个自然保护区——黄石公园以来，建立自然保护区逐渐成为国际上通行的一种保护生物多样性的办法。中国也于1956年建立了第一个自然保护区——鼎湖山自然保护区，从此拉开了中国建立自然保护区的序幕。目前，中国已建立各级、各类自然保护区2 000多个，总面积达150余万平方千米，约占国土面积的15%，保护区体系初见规模。尽管这一比例已超过世界平均水平，但一份资料称，中国实际需划出33个优先保护区域，共涉及26个区省的984个县，总面积达315万平方千米，约占国土面积的33%。据此，中国目前仍存在50%的保护空缺。

任何一种生物都有独特的价值，人类不能独自存在。物种的大规模减少，直接削弱了人类的生存基础，而且还会通过食物链引发其他物种的灭绝。科技不能复活灭绝的物种，作为自然界中最脆弱的物种之一，人类的生存建立在其他生物存在的基础上，破坏环境就是在加速人类的灭亡。

第九节

化石能源的消耗与全球气候变暖

世界经济的现代化，得益于化石能源，如石油、天然气与煤炭的广泛投入和应用，能源是一切经济活动的原动力，没有能源就没有人类文明。英国小说家查尔斯·金斯利曾这样描述："英国工业革命的起飞，使英国国家财富和人民消费力不断超过人口的增长，……英国森林资源缺乏，很早就采用了煤炭这一工业革命时代的燃料。到1870年，联合王国消耗了1亿吨煤，发出的热量相当于800万亿卡。这些惊人的热量推动着高达4 000万马力的蒸汽机，约等于有4 000万精壮的劳力在不停地工作。"

工业革命之后，世界经济得到快速发展，毫无疑问，工业革命是建立在大量能源消耗的基础上的。自工业化以来，化石燃料的消费量急剧增长。工业化初期主要是以煤炭为主，进入20世纪，特别是第二次世界大战以来，石油和天然气的生产与消费持续上升，石油于20世纪60年代首次超过煤炭，跃居一次能源的主导地位。即使20世纪70年代世界经历

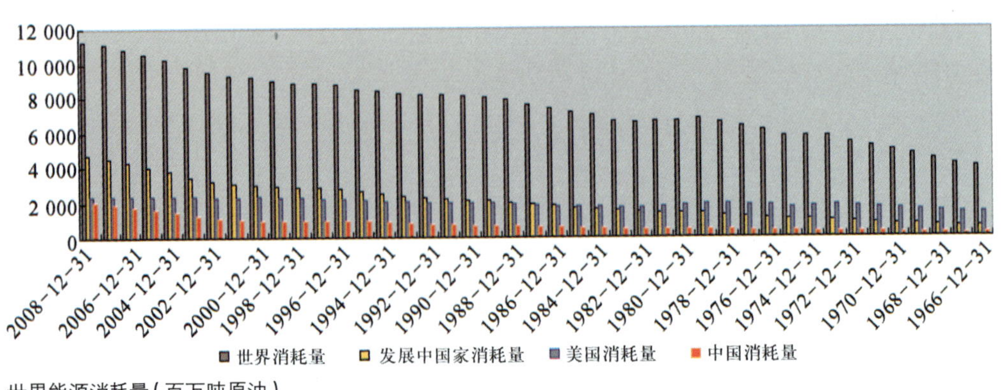

世界能源消耗量（百万吨原油）

了两次石油危机，但世界石油消费量却丝毫没有减少的趋势。此后，石油、煤炭所占比例缓慢下降，天然气的比例上升。同时，核能、风能、水力、地热等其他形式的新能源逐渐被开发和利用，形成了目前以化石燃料为主和可再生能源、新能源并存的能源结构格局。2007年，在世界能源消费总量中，石油占35.6%、煤炭占28.6%、天然气占25.6%；非化石能源和可再生能源虽然增长很快，但仍保持较低的比例，只占12.0%。

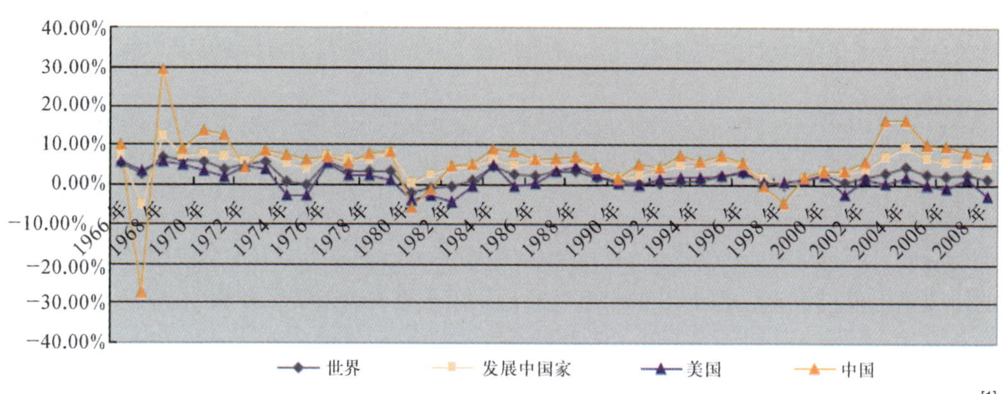

世界能源消耗增速度[1]

从图中可以清楚地看到，自1965年开始，全球能源的消耗总量和消耗速度都在急速上升，有限的化石能源迅速接近枯竭。根据对石油储量的综合估算，可支配的化石能源的最大量大约为1 180~1 510亿吨，以1995年世界石油的年开采量33.2亿吨计算，石油储量将在2050年左右宣告枯竭。全球的天然气储备大约在131 800~152 900兆立方米，如果年开采量维持在2 300兆立方米，将在57~65年内枯竭。煤的储量约为5 600亿吨，1995年煤炭开采量为33亿吨，可以供应169年。铀的年开采量目前为每年6万吨，根据1993年世界能源委员会的估计，可维持到21世纪30年代中期。而核聚变到2050年还没有实现的希望。化石能源与原料链条的中断，必将导致世界经济危机的爆发和冲突的加剧，可能最终葬送现代市场经济。

也许有人认为，随着技术的进步，可开发的能源储量也会增多，所谓

[1] 两图资料来源：信达证券报告，《世界与中国的能源消耗》。

的“能源危机”不过是危言耸听。即便真是这样，按照当前的能源消耗速度，全球的化石能源也不过多维持几年或者几十年。但更为严重的是，燃烧这些化石能源所产生的大量二氧化碳，是温室气体的重要组成成分，是我们大量消耗化石能源必须付出的“看不见”的代价。

自工业革命以后，大气中二氧化碳的浓度逐年上升。世界气象组织（WMO）在日内瓦发布的2008年度的《温室气体公报》显示，2008年，大气中二氧化碳浓度为385 ppm，比工业革命前增加了38%，是地球历史上65万年以来的最高值。报告还显示，过去10年中，大气二氧化碳浓度以每年1.8 ppm的速度增长，2008年是1998年以来二氧化碳浓度增长最快的年份。

全球气温的上升与二氧化碳浓度的上升同步进行，据统计，过去100年全球地表平均温度明显升高，1906~2005年全球地表平均温度上升了0.74℃，20世纪后半叶北半球平均温度可能是近1 300年中最高的。美国航天局戈达德航天研究所在2009年2月发表的研究报告说，2008年是自1850年有气象记录以来第九个最热的年份，全球地表气温可能将在今后一两年内创下新纪录。如果不能对温室气体的排放进行有效控制，气候将加速恶化，洪水和干旱天气将会频繁出现，甚至发生不可逆转的灾难性气候事件。有报告显示，在过去的100年间，全球的海平面已悄悄上升了10~25厘米，估计到2100年，海平面将再上升15~95厘米。也许这些数字太抽象，那么我们以马克·莱纳斯（Mark Lynas）《改变世界的6℃》来说明，让读者有更直观的感受：

> 全球增温1℃：脆弱的自然平衡将受到威胁，从海底的最深处到世界的最高峰都不能幸免。飓风侵袭南大西洋，孟加拉湾沿岸的数万房屋将被淹没。从美国南部的德州到加拿大边界的区域都会变成无法种植的超干燥区，导致全球粮食和肉类短缺。
>
> 全球增温2℃：生物圈的某些变化将会加剧。格陵兰的冰河将会逐渐消失，大片冰层的融化将危及北极熊的生存。美国北部将变成温带气候区，白皮松林将被松树甲虫啃食殆尽，从而使灰熊失去冬季的主要食物来源。太平洋岛国图瓦卢（Tuvalu）将被上升的海水淹没。海洋生态系统将面临更加严重的冲击，因海水温度上升，热带地区珊瑚礁严重白化、死亡，影响海洋生物多样性，澳洲大堡礁面临死亡的命运。预期在2030年或更早就会发生以上情况。
>
> 全球增温3℃：异常气候现象厄尔尼诺将成为常态，地中海地区与部分欧洲将受到热浪的侵袭，2003年席卷欧洲、造成三万人死亡的夏季热浪将开始在每年夏季袭

来，中欧将出现目前热带地区的夏日高温，如同现在的中东和北非，温度将超过40℃。亚马逊雨林跨越临界点，森林野火将大规模发生，雨林将被沙漠和稀树草原所取代，而消失大半的亚马逊雨林将重新排放出原本积存的数亿吨碳，或许会导致全球温度再攀升1度。二氧化碳浓度过高，造成海水酸化，摧毁剩余的珊瑚礁，多数浮游生物灭绝，破坏海洋生物链，鲭鱼、须鲸等生物面临绝种危机。

全球增温4℃：海平面将上升1米，上升的海水将淹没人口稠密的三角洲，10亿人将无家可归，孟加拉湾将被冲走，埃及将会浸没水中，威尼斯将会完全被淹没，冰河全部消失，斯堪地纳维亚海滩（Scandinavia）可能成为未来的圣塔培（St. Tropez），整个西南极大冰原全面溶解，从而导致海平面进一步上升。几条世界上最大的河可能会干枯，危及数千万人甚至数亿人的生存。

北极的浮冰

全球增温5℃：西伯利亚冻土层溶解，释放大量甲烷（温室气体甲烷造成的温室效应比二氧化碳高25倍），加速全球暖化速度。为全球各大城市供水的积雪和地下将枯竭，气候难民人数将高达数亿人。

全球增温6℃：表面上蔚蓝的海洋将成为海底荒原，沙漠如大军逼境在各大洲蔓延，天灾成为家常便饭，某些全球最大的城市将变成水乡泽国，人类将面临全球性毁灭，气候难民只能待在高原与极低地，全球人口大减，90%的物种可能灭绝，情况有如地球四十五亿年历经的几次大灭绝一样。

这绝对不是好莱坞的惊悚科幻片，而是确确实实有可能会发生的。环境退化和气候变化的后果如此严重，人类如果再不马上行动起来，这个星球将变成茫茫宇宙中的一个没有生物的星星而已。

第三章

反思世博会：什么才是真正的进步

“进步”，是自伦敦万国工业品博览会之后早期每届世博会的口头禅，从19世纪中期到20世纪中期，“进步”这一概念代表着工业的发展和技术的进步，然而，随着环境问题的日益严重，人类对“进步”的理解也渐渐发生了改变。

第二次世界大战后，由于战争对人类的家园和环境造成了严重的破坏，而战后“大跃进”式的重建又对生态环境造成了巨大影响。面对曾经满目疮痍的家园和如今扑面而来的环境污染，人类陷入了前所未有的深刻反思中：科学和技术的发展在人类社会中的应用是为人类造福还是带来灾难？什么才是真正的进步？世博会思考的重心和讨论的焦点也逐渐改变，自1958年以“科技、文明和人性”为主题的布鲁塞尔世博会开始，世博会就开始走上了探索真正的“进步”之路。

第一节
环境保护思想的发展史

有人曾这样说过："20世纪最伟大的发现，莫过于对环境危机的发现。"其实环境保护意识的开端，要远远早于20世纪，早在16、17世纪，以卢梭、柯尔律治、华兹华斯、费希特、歌德等为代表的浪漫派诗人和自然哲学家就对工业时代的科学与工艺进行了讨伐和谴责，提出了"回归自然"的口号，主张重新确认自然和人在宇宙中的地位。

18世纪末到19世纪初，以反对理性主义和经验主义为基调的浪漫主义思潮在欧洲大陆形成并迅速传播开来，反映了人们对日益尘嚣的工业时代的不满和无奈，以及对人与自然关系的认识和反思。

恩格斯在《自然辩证法》中对人与自然的关系进行了深刻的思索，他写道："我们不要过分陶醉于我们对自然界的胜利。对于每一次这样的胜利，自然界都报复了我们。每一次胜利，在第一步都确实取得了我们预期的结果，但是在第二步和第三步却有了完全不同的、出乎预料的影响，常常把第一个结果又取消了。……因此我们必须时时记住：我们统治自然界，决不像征服者统治异民族一样，决不像站在自然界以外的人一样，——相反地，我们连同我们的肉、血和头脑都是属于自然界，存在于自然界的；我们对自然界的整个统治，是在于我们比其他一切动物强，能够认识和正确运用自然规律。"[1]

19世纪中期，美国的一些科学家和有识之士开始对自然资源的浪费和破坏，以及可能产生的生态和环境后果深感忧虑，他们强烈要求保护自然资源，资源保护运动也从此

[1]《马克思恩格斯选集》第三卷，第317页。

约瑟米蒂国家公园的美丽景色

开始。其中，乔治·马什占有重要地位。他提出自然界是有秩序的，并且存在内在的稳定性，对某一种资源的过分使用必然会对其他自然资源产生重大影响，所以，必须保持生态平衡。马什的理论，使人们开始注意美国自然资源遭到破坏后所产生的后果。1832年，美国边塞风景画家乔治·卡特林就提出建立国家公园的建议。1872年，美国国会通过法律，创立了世界上第一个国家公园——黄石国家公园。随后，巨杉国家公园和约瑟米蒂国家公园也相继建立。1892年，美国最早、影响最大的自然保护组织——塞拉俱乐部成立。美国乃至全人类的自然保护事业进入了一个新纪元。

西奥多·罗斯福任总统在任期间（1901~1908年），美国出台了系统的自然资源保护政策，出现了有组织的自然资源保护运动。罗斯福从青年时代就爱好大自然和野外生活，他执政期间，一直非常关注自然资源的保护和合理利用，进而出台了较为全面的对整个自然资源进行保护的政策，并建立了5处国家公园、4处禁止狩猎的大型野生动物保护区和

51处鸟类禁猎区，使美国在野生动物保护方面走在世界的前列。

奥尔多·利奥波德（Aldo Leopold）是美国生态学家、林务官和环境保护主义者，在现代环境伦理的发展以及荒野保持运动中，都具有相当的影响，被誉为“美国新环境理论的创始者”、“生态伦理之父”。利奥波德的主要思想体现在他的著作——《沙乡年鉴》（*A Sand County Almanac*）中。在这本1949年出版的书中，利奥波德呼吁人们树立一种与自然保持平等和谐的道德观，要把人类所赖以生存的土地——“它包括土壤、水、植物和动物”，或者说，就是我们通常所称作的自然——看作一个共同体，并“把人类在这个共同体中以征服者的面目出现的角色，变成这个共同体中的平等一员和公民”。但是，这本书在图书馆和学者们的书架上静静地躺了近十几年。直到《寂静的春天》（*Silence Spring*）出版之后，它才真正被新一代的读者重视起来，并被当成美国环境保护运动的“圣经”，利奥波德亦被看作是这个史无前例的运动的“先知”。

利奥波德在沙乡的简陋小屋

利奥波德简陋小屋的现状

1962年，美国海洋生物学家蕾切尔·卡逊（Rachel Carson）发表了研究著作《寂静的春天》，标志着世界现代环保运动的兴起。卡逊在书中向世界大声疾呼，人们必须重新检讨自己与自然界的关系，要把自己真正当作自然界的一部分，而不是自然的主宰。卡逊第一次将生态环境与人类健康等生存问题明确地摆在世人面前，开创了一个唤醒人类环保意识、帮助人类树立地球道德伦理价值的生态学时代。因此，《寂静的春天》的出版，被看成是世界现代环保运动的开始。美国副总统阿尔·戈尔为《寂静的春天》撰写的前言说:“卡逊的影响力已经超过了书中所关心的那些事情。她将我们带回了那个在现代文明中丧失到令人震惊地步的基本观点:人类与自然环境的相融合。全书犹如一道闪电，第一次使我们时代可加辩论的最重要的事情显现出来。”

《寂静的春天》的作者蕾切尔·卡逊

《寂静的春天》打开了人类认识环境问题的天窗，也引发了一场旷日持久的环境悲观主义和乐观主义的学术大讨论。悲观派中最具影响力的著作当属罗马俱乐部发布的研究报告——《增长的极限》。在这份报告中，罗马俱乐部分析了五大全球性趋势:人口爆炸、粮食生产的限制、不可再生资源的消耗、工业化及环境污染，并预测:人类将迅速耗竭各种资源。而乐观派的基本观点不是否认生态环境问题的存在，而是认为随着市场机制和技术水平的不断完善，这些问题终将得到解决。

在这一时期，有一个著名的赌局，被称为“世纪之赌”。打赌的两人一位是悲观派的代表——斯坦福大学的教授保罗·埃尔里奇，另一位是乐观派的代表——马里兰州立大学教授朱利安·西蒙。他们决定就“不可再生性资源是否会消耗完”这个问题赌一把。不可再生性资源是指那些消耗完就无法再有的资源，如石油、煤及各种矿石等。悲观派埃尔里奇的观点是，不可再生性资源迟早会用完，这些资源的消耗与危机，直接表现为其价格大幅度上升;乐观派西蒙的观点是，这种资源不会用完枯竭，价格不但不会大幅度上升，还会下降。

他们俩人选定了五种金属:铬、铜、镍、锡、钨。各自以假想的方式买入1 000美元的等量金属，每种金属各200美元。以1980年9月29日这一天各种金属的价格为准，假如到1990年9月29日，这5种金属的价格在剔除通货膨胀的因素后上升了，西蒙就要付给埃尔里奇这些金属的总差价；反之，埃尔里奇将把总差价支付给西蒙。

到1990年，这5种金属无一例外地跌了价。埃尔里奇输了，他遵守信用，将自己输的57 607美元交给了西蒙。

虽然在这一“世纪之赌”中乐观派占了上风，但是环境与发展问题的高度复杂性使得悲观派和乐观派双双陷入了困境。人类会就此走入死胡同吗？历史证明：不会！因为人类找到了未来的发展之路，那就是可持续发展。

“可持续发展”一词在国际文件中最早出现于1980年由国际自然保护同盟制订的《世界自然保护大纲》，它的形成经历了一个漫长的历史过程。在20世纪五六十年代，西方有些学者极力鼓吹“经济无限增长”，这是传统经济发展观的核心。他们认为，追求“经济无限增长”和追求物质财富的“无限增长”是至高无上和天经地义的。针对这个理论，英国发展经济学家达德利·西尔斯于1969年发表了《发展的意义》，对此给予了反击，他认为“把发展与经济发展相混淆，把经济发展与经济增长相混淆是我们十分轻率的表现”。

1972年6月5日，联合国在斯德哥尔摩召开人类环境会议（UNCHE），共有113个国家和地区的1 200名代表参加。这次会议取得了丰硕的成果，通过了《人类环境宣言》、《人类环境行动计划》、《只有一个地球》、《关于机构和资金安排的决议》等重要文件，并成立了联合国环境规划署（UNEP）。这次会议将生态保护和经济发展联系在一起，并达成共识：如果人们不适当关注环境约束，这样的经济发展既是浪费的，也是不可持续的；对悲观的生态危机论观点也给予了否定，指出“如果采取适当的政策和拥有充足的财政与技术资源，环境保护和经济增长并不是相互抵触的”。可以说，1972年的人类环境会议是可持续发展的萌芽。

1974年，在罗马尼亚的首都布加勒斯特，联合国主办了第一次世界各国政府间正式讨论人口问题的会议，会议讨论了人口增长、资源利用、生态环境和经济发展四者之间的相互关系，认为应合理利用自然资源，解决人口与资源、环境问题，应持科学态度，进行广泛的学术交流，在尊重各国主权的原则下实行广泛的国际合作。人类开始有了将这些问题综合起来考虑的意识，并积极寻求解决之道。

1975年，联合国环境规划署（UNEP）以规划概念的形式提出了“经济—生态均衡发展”的概念，即保存可再生资源，以减缓或调整对不可再生资源的开采速度，并控制废弃物的排放。

1983年11月，联合国成立了世界环境与发展委员会（WECD）。1987年，受联合国委托，以挪威前首相布伦特兰夫人为首的WECD的成员们，把经过4年研究和充分论证的报告——《我们共同的未来》（*Our Common Future*）提交联合国大会，该报告提出：人口、资源、环境和工业发展是不可分割的，发达国家应与发展中国家开展广泛的合作，并第一次明确提出“可持续发展”（Sustainable development）概念：既满足当代人的需要，又不对后代满足其自身需要的能力构成危害。到目前为止，这个定义仍然被认为是最权威的。

布伦特兰夫人

在可持续发展思想形成的历程中，最具国际化意义的是1992年6月在巴西里约热内卢举行的联合国环境与发展大会。在这次大会上，来自世界178个国家和地区的领导人通过了《里约热内卢环境与发展宣言》、《21世纪议程》、《气候变化框架公约》等一系列文件，明确把发展与环境密切联系在一起，使可持续发展走出了仅仅在理论上探索的阶段，响亮地提出了可持续发展的战略，并将之付诸为全球的行动。

2002年8月28日至9月4日，联合国在南非约翰内斯堡召开“可持续发展世界首脑会议”，在这次会议上，各国政府和非政府的组织及企业宣布了220多项可持续发展“伙伴计划”，其中包括健康、生物多样性、农业、水、能源等五个大主题。会议通过了“执行计划”和《约翰内斯堡可持续发展承诺》。《承诺》表示各国政府应该联合起来，采取行动，“拯救我们的星球，促进人类的发展，呈现共同的繁荣和和平”，达到有时间限度的社会、经济、环境发展的目标。

可持续发展体现着对人类自身进步与自然环境关系的反思。这种反思既反映了人类对自身以前走过的发展道路的怀疑和抛弃，也反映了人类对今后选择的发展道路和发展目标的憧憬和向往。人们逐步认识到过去的发展道路是不可持续的，或至少是持续不够的，因而是不可取的。唯一可供选择的道路是走可持续发展之路。人类的这一次反思是深刻的，反思所得的结论具有划时代的意义。这正是可持续发展的思想在全世界不同经济水平和不同文化背景的国家中能够得到共识和普遍认同的根本原因。可持续发展是发展中国家和发达国家都可以争取实现的目标，广大发展中国家积极投身到可持续发展的实践中也正是可持续发展理论风靡全球的重要原因。美国、德国、英国等发达国家和中国、巴西这样的发展中国家都先后提出了自己的21世纪议程或行动纲领。尽管各国侧重点有所不同，但都不约而同地强调要在经济和社会发展的同时注重保护自然环境。正是因为这样，很多人类学家都不约而同地指出，可持续发展思想的形成是人类在20世纪中，对自身前途、未来命运与所赖以生存的环境之间最深刻的一次警醒。

人类对环境问题的认识不断深入，环境保护思想亦得到不断的发展，这些促使世博会更多地关注人类面临的环境问题；世博会成为宣传和展示先进的环保理念和环保技术的舞台和思想碰撞与融合的平台，这也在一定程度上促进了环境保护思想的进一步发展。20世纪60年代之后的世博会开始了对过往的回顾与反思，以及唤醒人们对自然与环境重要性的认识。1970年，大阪世博会提出了人与自然和谐共处的主题，而1974年的斯波坎世博会更是第一次举起了环境保护的大旗。在这之后，有多届世博会选择了生态与环境的主题，内容直指能源、水资源以及海洋等，反思人类行为对生态环境的影响，反思发展与进步的真正意义，世博会进入了与环境保护相融的时代。

第二节

人与自然的关系

在科学的推动下，经过几个世纪的历程，人类向自然索取了无尽的矿藏和资源，到了20世纪，人类索取的脚步仍然没有停止，又过了50年，自然开始毫不留情地报复人类了。在残酷的生态环境恶化的现实面前，人类终于懂得以谦卑的态度来面对大自然，这种转变从世博会越来越关注人与自然的关系上可见一斑。

20世纪后半期，有多个城市举办了园艺博览会，如1960年和1982年的鹿特丹、1983年的慕尼黑、1984年的利物浦、1990年的大阪、1993年的斯图加特、1994年的圣・丹尼斯、1995年的哥特布斯、1996年的热那亚、1997年的利戈以及1999年的昆明，在这些园艺博览会上，来自世界各国的鲜花、各具风情的园林创作让游客恍如置身仙境，这种自然的景致唤起了人对自然的尊重与感激。

20世纪五六十年代，由于战后重工业的过度发展，日本成了世界上污染最严重的国家之一。"水俣病"、"骨痛病"等公害事件接连发生，由水污染导致的一系列环境问题引起了日本政府的高度重视，这也体现在日本召开的首届世博会——大阪世博会上。大阪世博会于1970年召开，其主题是"进步与人类和谐"。这届世博会包括三个主题元素：进步、人类、和谐。其中，"和谐"是第一次出现在世博会的主题中，它将原来单一的"以人为本"，提升为"以人和自然为本"，把人与自然紧紧地联系在一起，促进人与自然的共同发展。这反映了人类对自然的尊重和重视，是认识上的一大进步。

为了表现"和谐"的主题，大阪世博会的会标选用了一朵抽象的樱花，樱花的5个花瓣代表着5大洲，围绕着中间象征着世界博览会带给人们进步的共同空间的花蕊。组织者认为，在人类的黄金时代，进步是发展的基础。但是，根据以往的经验，人们需要用审慎的眼光来看待进步，而且要用新的、更加有利于未来发展的原则推进人类的进步。为了给这种意识形态的转变建立框架基础，组织者将大阪世博会分成四大主题区域，来展现科学技术的进步，并希望以此启发世博会的参与者能够提出新的观念和想法。

为了将和谐与进步有机地结合起来，让人们深刻思考人与自然的关系、环境与发展之间的关系，大阪世博会四个次主题中有三个与环保相关，这三个次主题分别是："人类与生活"、"人类与自然" 以及 "人类与科技"。

大阪世博会的中心展品是一座叫 "生命之树" 的建筑，这一展品充分表现出了生命的力量。从 "生命之树" 的底部到顶部，"树枝" 环绕而上，依次排列着自然界从原始生物到人类的共292种生物体，高科技控制的40多种生物模型栩栩如生，可以呼吸，也可以运动。这些富有生命力的展品生动描述了生物进化的历程，把大自然的造化演绎得淋漓尽致。五分钟 "生命之树" 的攀登历程，却经历了地球生物演变的悠久岁月；到达顶部的平台，又会被光学制造出来的特殊七色太阳光芒所震慑。

值得一提的还有大阪世博会占地20万平方米的 "日本花园"。这个花园分为田园、风雨广场和记忆森林三大部分，整个花园以绿色为主色调，绿色寓意和平与宁静，也寓意人与自然的和谐相处和共同进步。而大阪世博会会场的树状结构设计，也形象地寓意着自然与人类的和谐，更好地呼应了本届世博会的主题。

大阪世博会也开始更加重视场馆的再利用，世博会结束后，原址成了世博公园和主题儿童游览园；斯堪的纳维亚馆被移到北海道建起了游乐园；多米尼加馆被移到尼崎市改建成敬老院；沙特阿拉伯馆被移到静冈县改建为车站；越南馆被移到广岛县改建成史料馆；厄瓜多尔馆和摩纳哥馆被移到丰中市改建成幼儿园；电器通信馆被移到大阪都岛区改建为电器通信学园讲堂；三菱未来馆被移到宝冢市改建为恐龙馆。

大阪世博会是世博会焦点转移的开始，至此，人们开始思索经济发展和科技进步的意义，开始思索人类与自然的关系。大阪世博会拉开了 "环保问题" 作为世博会中心主题的帷幕，从此，世博会与环保事业的相融、连接与互动得到了蓬勃的发展。

第三节

“环境保护”第一次亮相世博会

虽然没有什么标志性建筑，也没有展出什么惊世骇俗的展品，但是，因为触及了国际社会面临的最严峻的问题——环境问题，1974年的斯波坎世博会永载史册。这届世博会第一次真正意义上举起了环保大旗，揭开了世博会历史的新篇章，成为世博会环境主题的转折点。

斯波坎位于美国西北部的华盛顿州，它于1871年建市，巨大的瀑布横贯整个城市，最初城市的名称就是“斯波坎瀑布”。起初，斯波坎只有一两百人，19世纪80年代，随着铁路的兴建，越来越多的人来这里定居，使这里成为美国西北部一个小小的中心，到1889年，这里的人口已超过两万。急功近利的开发者们炸开瀑布附近的岩石，修筑沟渠，将瀑布改道，以提高磨坊和发电厂的工作效率，市中心的河流也被纵横交错的铁路所覆盖。到1891年建市20周年时，瀑布群已经千疮百孔，人们干脆把城市名字中的“瀑布”一词去掉，直接改成了“斯波坎”。斯波坎的经济取得了巨大的成功，但是从某种意义上说，这种成功也正是问题所在。越来越多的发电厂、锯木厂、磨粉厂和铁路出现在斯波坎瀑布附近，到20世纪60年代，斯波坎河已经被矿渣和废水严重污染，河面上漂着泡沫，河边竖着“此河已被污染，请勿在此游泳”的牌子。市政府意识到这样的经济发展将严重威胁到城市的长期发展，因此，决定重点治理被严重污染的斯波坎河。但是，在1962年和1964年进行的两次投票中，大多数市民因整治环境需要投入大量资金而持反对意见，使得市政府雄心勃勃的斯波坎河治理计划成为泡影。

1969年，斯波坎市计划在1973年举行建城100周年庆典，市政府请咨询专家评估庆祝计划的可行性。结合当地治理斯波坎河的强烈意愿，咨询报告建议，将百年庆典推迟到1974年，届时举办一次以环境保护为主题的世界博览会，以实现普及环保知识与治理污染的“双赢”。斯波坎的计划得到了国际展览局的认可，被定为专业类世界博览会。但是在当时的斯波坎，大部分人根本搞不懂什么是“环保”，支持在斯波坎举办世博会的人寥寥无几。曾经参与过1962年西雅图世博会组织工作的斯波坎世博会总监金·科尔深知这项工作的艰巨程度，一年之中，他发表了52场关于重新改造斯波坎的演讲，听众从一开始的几位发展到后来的几百位，环保主题开始得到斯波坎市民的认同。

斯波坎世博会的园区位于斯波坎河畔，在建造世博场馆的同时，斯波坎河的治污工程也同期启动，至世博会开幕之时，昔日严重污染的斯波坎河变得清波荡漾。在1974年5月4日的开幕式上，随着世博会主题乐曲《相遇在河畔》（*Meet Me by the River*）奏起，各个参展国家和地区的旗帜冉冉升起。人们向河中放归了1 974条鳟鱼，寓意斯波坎河污染的治理使这些一度绝迹的鳟鱼获得了重生。水环境的改善，也使加拿大鹅开始在河中的小岛筑巢安家。参观世博会的人们站在斯波坎河边谈笑风生，清澈的河水以及水花飞溅、瀑布轰鸣的“大瀑布游”，成为斯波坎世博会留存史册的经典景观。游客们经常会问：斯波坎究竟是如何让这条河

一度被严重污染的斯波坎河重获新生

加拿大鹅重新在斯波坎河筑巢安家

流经世博会场地的？其实，河流一直就在这里，它就是这届世博会的一个展品，而且无疑是最重要的一个，因为这条失而复得的母亲河体现了和官方会标“孟巴斯（Mobius）纽带”一致的意义：潺潺流动的河流寓意着生命的延续，生生不息；同时也承载着此次世博会倡导的主题——无污染的进步。

斯波坎世博会共有11个国家和地区的43家企业参加，各个参展国从不同的角度对世博会主题——“无污染的进步”进行了诠释。美国推出了占地一英亩的“家庭花园”，以实景展示了环保与日常生活的紧密联系；苏联馆展示了其在环境保护和国土规划上的现状；加拿大带来的“加拿大岛”更是显示出了一种自然的生态美，孩子们可以尽情地在由原始材料建成的儿童乐园里游玩；另外，包括日本、韩国在内的许多国家都从不同的角度提出了对环境的关注。派拉蒙公司专门为斯波坎世博会制作了23分钟的IMAX电影《人类属于地球》，带给520万观众极大的视觉冲击和心灵震撼。“地球不属于人类，人类属于地球”，成为斯波坎世博会最醒目的大字标语。世博会还组织了一系列国际以及地方性的专题研讨会，对环境问题以及环境保护理念的传播产生了深远的影响。

6月5日是1972年斯德哥尔摩大会确定的“世界环境日”，这一天，联合国环境署首届执行主席莫利斯·斯特朗（Maurice Strong）来到斯波坎世博会，在环境会议上作了精彩的演讲，并宣布第一个世界环境日的主题为“只有一个地球”，同时，高度肯定了斯波坎世博会在提高环境保护意识方面的努力，并特别指定其为当年“世界环境日”庆祝活动的中心。可以说，每年的“世界环境日”都是1974年斯波坎世博会精神的延续，每年“世界环境日”的主题，都是1974年斯波坎世博会理念的发展，是对环保科技发展提出的新命题。在环保的命题下，我们一直感激斯波坎世博会。

这次世博会使斯波坎经历了彻底的转变，从一个工业城市转变为以旅游业和服务业为支柱产业的城市。据统计，这次世博会至少吸引了1.5亿美元投入城市建设，不仅为斯波坎市重新带回了一条被妥善治理的护城河，还留下了一个新的河畔公园、一座新的歌剧院和一个会议中心。杂乱无章、缺乏规划的铁路被拆除，车站的钟楼被保留了下来，如今成为斯波坎市的标志性建筑。

但是斯波坎世博会的意义绝不仅仅在于它造福于斯波坎市以及当地的人们，更重要的是它的“世博效应”给世界带来了一种新的环境保护可持续发展的理念：健康的环境、无污染的生存空间需要人类共同去维护，更需要人类去积极创造。虽然各个国家和地区对环境保护的理解不同，但是，“对经济发展的过度迷恋是对环境最大的威胁”却得到所有参会代表的一致认同。有人这样评价这次世博会：如果说有些世博会向人们演示了电话，有些演示了电梯，那么斯波坎世博会则演示了人类自己的“过失”，同时也演示了人们对环境从掠夺到关注以及弥补的转变。斯波坎成为了一个新的起点，一个反思人类发展道路的起点。理解1974年斯波坎世博会最好的方法是：它提出了关于环境的问题，它要人们深刻思考人类行为的后果，思考技术和工业对环境造成的后果，思考生存危机，反省生活方式以及发展方式；同时它又不是一次旨在完全否定工业和技术的世博会，它也让人们相信：工业和技术是可以无污染的，正确利用可以弥补人类无知的过失。斯波坎世博会之所以能够吸引来自各行各业的人们的关注，是因为它使人们用前所未有的思考方式，来思考自己怎样与环境和平共处：只有无污染的进步，才能创造明日焕然一新的世界。这是一次生存观和发展观的进步，这才是人类真正的进步。

第四节

关注海洋，关注人类未来的财富

海洋是人类的第二故乡，因其重要性，近几十年的世博会对“人与海洋”主题给予了格外的关注：1975年日本冲绳世博会的主题是“海洋——充满希望的未来”；1992年意大利热那亚世博会的主题是“哥伦布，船舶与海洋”；1998年葡萄牙里斯本世博会的主题是“海洋——未来的财富”。

随着人类对海洋认识的加深，对海洋的索取也开始放肆起来。起初，人们认为海产品是取之不尽、用之不竭的。直到1946年的伦敦会议，有志之士才将过度捕捞的严重性展现在世人面前。在捕捞海产的同时，人们开始采掘海洋中的矿产。从大陆架的开发到深海作业，人们越走越深；从石油到金属矿产，人们的力量越来越大，海洋开始翻波起浪。

为了使人类不重蹈对陆地过度开采的覆辙，联合国曾召开过3次海洋法会议，商定各国共守的海洋法。在1973年的第三次会议上，制定并通过了《联合国海洋法公约》，这部公约于1982年12月1日在牙买加缔结，缔约国共有117个国家。1975年的日本冲绳世博会就是在这样的大背景下举行的。

冲绳国际海洋博览会是当时为止最大的专业类世博会，共有31个国家参展，并有4个国际组织正式参加。这次世博会上，各展馆均有自己的主题，如海洋科学、海洋技术和海洋未来等。在世博会长达173天的展期内，人们对博览会所建造的“海上都市”、“海洋牧场”等表现了浓厚的兴趣。同时，博览会还向世人展示了各种开发海洋资源的先进技术与产品。

进入20世纪90年代，联合国逐渐认识到海洋、海洋环境、海洋资源和海洋持续发展的重要性。1994年12月，联合国第49届大会将1998年定为“国际海洋年”。在这项决议中，联合国要求世界各国做出特别努力，通过各种形式的庆祝和宣传活动向政府和公众宣传海洋、提高人们的海洋意识；强调海洋在造就和维持地球生命中所起到的重要作用；强调保护海洋资源与海洋环境的重要性；保持海洋的可持续发展和海洋可再生资源的可持续利用，加强海洋国际合作。

在1997年7月召开的第19届大会上，联合国教科文组织政府间海洋学委员会通过决议，将“海洋——人类的共同遗产”作为“国际海洋年”的主题，要求各国以各种形式积极参与“国际海洋年”的活动。“1998国际海洋年”以及已被确定的“世界海洋日”——7月18日，成为世界各国加快保护海洋步伐的一次全方位行动的开始。

1998年，正值葡萄牙航海家瓦斯科·达·伽马发现印度航线500周年，同时，为了切合联合国国际海洋年的主题，葡萄牙里斯本举办了主题为“海洋——未来的财富”的专业性世界博览会。葡萄牙作为欧洲最早纵横海上的国家，欲借此届世博会鼓励人们继续探索海洋的秘密，在开发和利用海洋以造福人类的同时，保护海洋资源。

里斯本世博会共有155个国家参展。除了东道国以外，各个参展国均被安排在共同展馆，而共同展馆也被设计成起伏的波浪形状，很好地呼应了这届世博会的主题。

该届世博会场占地124英亩，标志性建筑是达·伽马纪念塔和水族馆，此外，还设立了海洋馆、海洋学馆、乌托邦馆和未来馆四个主题馆。

海洋水族馆包含了三个主要的概念：海洋是一个单一的连续的水体，将世界人民联系在一起；海洋中存在着无限的生命，具有巨大的生命体多样性，从微生物到大型海洋哺乳动物，应有尽有；人类理解海洋环境的能力以及保护海洋的责任。

海洋学馆内的航海区，侧重展示早期的航海史、航海装置与航船。观众在这里可以亲眼目睹哥伦布和达·伽马用过的地图，了解种种地质现象和海洋知识，遥想海上风云变幻的历史，对于观众来说，是一次难得的经历。

海洋馆的外形犹如一艘巨轮，漂浮在世博会场地中央，可以容纳30 000名观众。展馆内还有四个水族馆，各有200余种、15 000尾鱼游弋其间，充分展现了海洋生物的丰富多彩。海洋馆的设想是将其建成北大西洋、太平洋、印度洋和南极洲的不同生物圈缩影。观众走进漆黑的过道，便能听到海洋的波涛声，并能通过窥视镜一探海底世界的奥秘。

乌托邦馆的造型极富时代感，外形犹如15世纪航船船壳的复制品，又像马蹄形的蟹壳，更像一艘来自未来世界的宇宙飞船。针对人们担忧的现代化发展而引发的能源问题，乌托邦馆给出了一系列具体有效而又经济的生态设计方案。毕竟，全世界正翘首以待能够指引未来的新方向。

而未来馆则阐明了海洋对人类生存的重要性，整个展馆由五部分组成：地图厅、受到威胁的海洋、海洋天文台、走进深蓝以及走向未来。在这里，受到威胁的海洋给人们留下

1998 年里斯本世博会的海洋水族馆

1998 年里斯本世博会乌托邦馆

了深刻的印象。通过多媒体资料，重点向观众展示了工业污染和海上油轮泄露石油给海洋和海洋生物带来的危害：燕鸥和企鹅被石油浸得漆黑一片，叫声凄惨，最终慢慢死去。这些资料对观众产生了强烈的震撼力，严厉控诉了人类在利用海洋巨大资源的同时，对海洋表现出的极度冷漠。

世博会期间，联合国展馆利用先进的多媒体技术向数百万观众传达有关海洋的信息，因为只有通过知识，我们才能改变行为。联合国教科文组织及其下属的政府间海洋学委员会与联合国环境规划署、国际海事组织、国际原子能机构、世界气象组织等联合国机构一起举办了研讨会和大会，为科学家提供机会，向世人传授自己的知识和经验。另外，联合国教科文组织还主持举办了与海洋有关的主题会议，鼓励发达国家和发展中国家的大学间进行学术交流。世界首脑会议也就海洋问题进行了讨论，并成立了欧洲海洋机构。

从环保的角度讲，里斯本世博会是一届成功的世博会，主办国达到了举办这届世博会的主要目的——学术交流、思想碰撞，这些都使人们对海洋的重要性有了更加深刻的认识，也了解了人类对海洋的种种不友好行为，从而点燃了人类保护海洋的热情。

第五节

世博会对能源危机的应答

无论是工业革命、电力革命、汽车革命抑或信息革命，人类社会的每一个进步都依赖于能源。能源是一切经济活动的原动力，没有能源就没有人类文明。

回顾历届世博会，能源自始至终都占有举足轻重的地位。1851年伦敦世博会上，水晶宫里展出了煤矿采掘的流程，并费尽周章运来一整块24吨的大煤炭。1933年芝加哥世博会上，辛克莱石油公司开办了恐龙馆，并演示了石油开采和提炼的整个工艺。1893年芝加哥世博会上，胡弗水电站的工作模型显示了人类驾驭河流的能力和气概，几十座风车阵容可观，此后风能在世博会上常见常新。美国在1958年的布鲁塞尔世博会上展出了核能发电站，开启了和平利用原子能的新时代。1962年的西雅图世博会上，贝尔公司推出了高效光电池，展现了利用太阳能的光明前景。虽然能源是如此重要，但是从来没有一届世博会专门以“能源”作为主题，因为忙于发展的人们从来没有想到能源也会有耗竭的一天。

但是1973年和1979年在全球范围内爆发的石油危机，给了盲目乐观的人们当头一棒。连续两次的能源危机使西方发达国家的经济严重衰退，美国在这两次能源危机中的GDP分别下降了4.7%和3.0%，能源问题成为全美以及全球深切关注的焦点问题。正是在这样的背景下，为了共同探讨和应对以后也许还会再次出现的能源危机，美国的诺克斯维尔举办了一届以“能源——世界的原动力”为主题的世博会。

诺克斯维尔曾被华尔街日报称为“邋遢的小城”，但是这个极易被人忽略的小城却是美国的“能源之都”。著名的田纳西大学能源研究所就坐落在此，这所大学每年能从政府和企业那里获得数百万美元的能源研究资金。不远处的橡树岭有国家最大的原子能开发实验室和工厂。而美国最大的能源生产公司——田纳西峡谷管理总局的总部也设在诺克斯维尔，这家公司在7个州拥有48个水电站，同时还拥有一些传统的油气厂和核电厂。

1982年诺克斯维尔的标志性建筑——太阳球

诺克斯维尔还有世界最大的阿拉巴契亚煤田和29个水电站。因此，诺克斯维尔地区是美国当之无愧的能源研究中心，其选择“能源”作为世博会主题也就理所当然了。

1982年的诺克斯维尔世博会园区占地72英亩，位于田纳西河畔的市中心。太阳球是这届世博会的标志，高226英尺，顶部是金黄色的玻璃球，在阳光下光芒闪耀，象征着人类永恒的能量之源。为了呼应本届世博会的主题，诺克斯维尔世博会并没有大兴土木地建造规模宏大的会场，而只是改造了一座建于维多利亚时期的废弃火车站，世博会组织者的办公室也仅仅是将候车室稍加改装而已。此外，建于1860年的一个陈旧的铸造厂被改成了热闹的酒吧，这样，既改善了环境，又增加了世博会的趣味。

为了通过世博会唤起人们对于能源问题更多的关注，找到能源供应、消耗、保护和管理等重要课题的解决办法，这次世博会的组织者在世博会举办的前一年召集能源问题专家，举办了一次以“能源—环保”为主题的国际论坛。在这次会议上，艾默里·洛文斯和亨特·洛文斯这两位日后环境保护运动的重要人物，提出了削减能源使用等论点。对于全球，尤其对工业化国家而言，这些观点特点鲜明且打破常规。在技术能源背景的支持下，他们认为，可以通过建造能源利用效率更高的建筑和汽车，以及利用辐射的太阳能等方法来解决能源问题。这些国际论坛为各国学者提供了很好的交流平台，也促使人们开始反思现今的生活方式对能源消耗的影响。

在这届世博会上，来自24个国家和30个企业的参展者，也围绕着“能源”的主题，融合信息、演示和娱乐等要素，推出了一系列展览和活动。美国馆是一座由钢铁和玻璃结构建成的建筑，高六层，馆内所有的设备完全由屋顶5 000平方英尺的太阳能采集器提供能量，借助机器人和世界上最大的IMAX电影屏幕，向观众介绍美国在能源研究、生产和节能三个方面所取得的成就；法国人为了强调环保，展示了一台未来的节油汽车、一个TGV（法国高速铁路系统）子弹列车的模型以及一套太阳能房屋，他们还展示了核能以及近海石油产业的发展；日本展出的电脑能使用几种语言来介绍与能源有关的课题；加拿大馆向观众介绍了该国是如何满足自身能源需求的，还通过动画人物纳尔逊·珀马弗罗斯特以及他忠实的狗——洛罗的眼睛，来观察能源结构问题和环保问题；联邦德国展示了核反应堆模型；欧洲共同体则展出了意大利阿德拉诺太阳能发电站模型；沙特阿拉伯送来了巨型抛物面太阳能采集器。

诺克斯维尔世博会是新中国成立后首次参加的世博会，也是改革开放后中国在大型国际展览会上的首次亮相。对中国来说，这是颇具深意的转折点，在之前漫长的岁月里，历经风雨的中国从未与世博会有过任何交集，因此，以美国为代表的外部世界对中国仍然知之甚少。美国诺克斯维尔世博会组委会在得到中国确认参展的答复后，特地召开新闻发布会，称中国的参展是“本届世博会筹备工作进展的里程碑”。中国馆黄色的琉璃瓦、大红的柱子以及门楣处的彩绘图案都打上了传统中国建筑的烙印。为了切合诺克斯维尔世博会“能源”这一主题，中国馆特地在馆外建造了中国农村新能源的代表——沼气池，同时陈列了轻便精致的太阳能热水器、太阳灶、太阳能航标灯、太阳能电围栏等具有中国民族特色的能源技术。另外，中国馆还陈列了长城城砖、西安秦兵马俑和战车等国宝级文物，成为万众瞩目的焦点。美国媒体评论说：“中国正在利用长城城砖同1982年世博会的观众建立友谊。”中国馆的参观者络绎不绝，每天接待的观众近3万人次，占世博会日参观观众总数的近四分之一，这届世博会成为世界了解中国的一个窗口。

最终，诺克斯维尔世博会的参观人次超过了1 100万人次，是美国人气最旺的一届世博会。从1982年5月1日至10月31日的展会期间，世博园入口的十字转门成为最“辛苦”的设施。后人在评价时认为：如此之高的参与度是本届世博会最大的成功。这届世博会之所以能吸引如此多的人，是因为它唤起了人们对于能源问题更多的关注，也促使人们开始反思高耗能的现代生活。人们开始意识到，实现能源与环境和经济发展的良性循环，才是解决未来世纪能源问题的主要出路。这届世博会之后，默里·洛文斯和亨特·洛文斯的观点得到越来越多人的认同，寻找和开发利用清洁高效的新型能源被提上了各个国家的议事日程。时至今日，能源依然是最重大的全球命题之一，世界能源危机一直存在，只有合理使用能源，才能创造出一个能源丰富、环境优美的地球家园。

第六节

水是生命之源，没有水就没有生命

人们把水看作是一切生命的源泉，而事实也的确如此。太阳系中的其他行星均无生命存在，其原因就是在那里没有一滴水。相比而言，地球上正是因为有了水，才有了生命。水是构成生命的重要物质，任何生物体主要都是由水组成的。植物体内平均含水量为70%，成年人体内含水量也达70%，其中血液里含水90%以上，骨头里也含有20%左右的水。没有水，动物无法生存；没有水，植物就会枯萎；没有水，就没有生命。

地球70%的面积都被水覆盖，但是，淡水却不足其中的3%。其中，99.7%的淡水又被封冻在极地冰原和深藏在岩石地层，只有少得可怜的淡水以河流、湖泊和湿地的形式存在，哺育了地球生命并开创了人类文明。随着世界人口的迅速膨胀、工农业生产的突飞猛进、森林植被的严重破坏，全球性的“水透支”和“水赤字”情况变得触目惊心。历史上一条条曾经伟大的河流，已经无法再奔流到海；一个个著名的湖泊，相继干涸消失；无数水井打进了千米深的永久蓄水层，造成地下水位大幅度下降；而干旱和洪水则如一对孪生恶魔一样，交替肆虐。1977年召开的“联合国水事会议”，向全世界发出严正警告：水不久将成为一个深刻的社会危机，继石油危机之后的下一个危机便是水。

面对如此严重的缺水问题，1984年美国新奥尔良世博会将主题定为“河流的世界：水乃生命之源”。这届世博会的标志是流动的水波图形，吉祥物是一种海洋生物，象征海洋生物离不开水。世博会的宗旨是告诉世人：水并不是取之不尽、用之不竭的自然资源，人类已经面临严重的缺水问题，必须引起重视。这次世博会的地址选在密西西比河沿岸4 000多平方米的区域，傍水而建，沿岸原有的破旧仓库和建筑全部被拆除重建。

在新奥尔良世博会上，美国馆推出了他们在水的利用、溶解、蒸发、再循环处理，以及水生动植物等方面所获得的成就，并放映了IMAX立体电影《水乃生命之源》。摄制组行程32 000千米，阐释了大自然水循环的美妙和神奇。这些展览都包含着非常丰富的水知识，对人类了解水科学有很大的帮助。

在国际展览区，日本介绍了有史以来利用河流的经验和技术，以及河流对文化、人们生活方式的影响；韩国的展览侧重介绍了水的利用对朝鲜半岛的影响；比利亚送来了一种神秘的水生物，引起参观者的极大兴趣；加拿大展馆用立体电影将游客带到水边湖畔，欣赏了水区的美景；法国推出了能够净化水源和控制水源的水力发电站的设计方案；埃及展出了世界闻名的尼罗河的模型；菲律宾展览馆展出了钓鱼游乐船；加勒比海馆展示了他们设计建造的热水林；中国馆除展示了传统文化外，还介绍了水对中国文化和工业发展的影响，并且在馆内搭建了一个从中国运来的鲤鱼池，很受参观者的欢迎。

这次世博会从1984年5月12日开幕到11月11日结束，共吸引了733.5万名观众。由于出现了亏损，这次世博会中途几乎关门，美国政府及时采取补救措施，承担了主办国所应担负的责任，才使其顺利闭幕。新奥尔良市因举办该届世博会而亏损了280万美元，百般无奈之下，于1986年宣布：每周五停止工作一天，以节省行政开支，弥补世博会的亏损。

但是，新奥尔良世博会在经济上的失败并不等于世博会本身的失败，因为“河流的世界：水乃生命之源”的主题极大地唤起了人类的“水观念”和“水意识”。正是在新奥尔良世博会的推动下，1993年1月18日，第47届联合国大会根据联合国环境与发展大会制定的《21世纪行动议程》中提出的建议，通过了第193号决议，确定自1993年起，将每年的3月22日定为“世界水日”，以推动对水资源进行综合性统筹规划和管理，加强水资源保护，解决日益严峻的缺水问题。同时，通过开展广泛的宣传教育活动，增强公众对开发和保护水资源的意识。在2003年12月23日的58/217号决议中，大会宣布从2005年3月22日的世界水日开始，开展为期十年的“生命之水”国际行动。新奥尔良的“世博效应”，让世界人民更加深刻地意识到了全球共同面临的水问题，也使保护水资源的行动由世博会传播到了世界的每个角落。

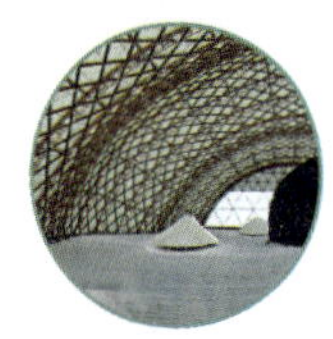

第四章

最终的方向：可持续发展

回顾人类发展的历史，我们今天的许多事物，是我们的祖先所不敢想象的，如飞机、船舰、汽车、高楼大厦、电视、空调、电脑等，无一不是工业发展、技术进步的成果。然而，工业技术的迅速发展，消耗了大量的自然资源，并使环境日趋恶化，这也是事实。那么“工业化”是不是必然带来“污染化”呢？简单分析一下就可以发现，造成环境污染的关键因素，不在于工业生产本身，而在于技术的先进和完善程度和人们对环境保护的重视。

世博会进入21世纪，已经走过了149年的历程。经历了早期对经济发展和科技进步的顶礼膜拜和20世纪中后期对科学技术的怀疑及对发展方式的深刻反思后，21世纪的世博会坚定地走上了可持续发展的道路。人们也意识到，科学技术并不一定是破坏环境的利器，人类也可以借助技术的力量更好地保护环境，更好地与自然和谐共处。

第一节
进步的新道路：2000年汉诺威世博会

汉诺威世博会是21世纪的第一届世博会，也是被称为“20世纪的坏小子”——德国有史以来第一次举办这种国际型的展览会，因此这届世博会格外引人注目。

与之前的历届世博会相比，汉诺威世博会无论在内容上还是形式上，都是一届崭新的世博会。它以“人·自然·科技：一个新生的世界”为主题，向人们展示人类将怎样借助技术的力量与自然和谐共处，而不像过去那样侧重展示成绩和自我炫耀。汉诺威世博会应答了人类21世纪在环境方面所面对的主要挑战，提出建立一个科技与自然和谐共存且都为人类服务的世界，促使广大观众更加深入地参与和关心全球性问题，共同寻找战胜这些挑战的答案。

常常有人把2000年的汉诺威世博会与1900年的巴黎世博会拿来作比较，如果说一个世纪前的巴黎世博会让人们体验到了菲利斯摩天轮（Ferris Wheel）的震撼，那么汉诺威世博会则为人类指明了前进的新方向——可持续发展。可持续发展和资源保护的思想贯穿汉诺威世博会始终，场址的选择与布局、景观环境的规划以及展览建筑的设计，无不深刻地体现了这一宗旨。展区内自然的水体和植被与人造的小溪和沙漠相得益彰，大型主题公园和中心广场等合理穿插在风格多样的各国展馆中，自然风光与人造景观的有机结合，充分体现了汉诺威世博会追求人、自然和技术和谐统一的主题。

一、汉诺威原则

汉诺威世博会的思路不是从展示展品开始的，相反，早在1990年，该市就委托威廉·麦克唐纳（William Mcdonough）建筑事务所指导2000年世博会的创意工作。正是因为这个在环境设计方面久负盛名的设计团队提出了“人·自然·科技：一个新生的世界”

的主题，让BIE最终选择了汉诺威举办2000年的世博会。

1992年的联合国环境与发展大会上，威廉·麦克唐纳和迈克尔·布劳加特为世博会撰写了“汉诺威原则”，它的核心是“设计服务于可持续发展”，这个原则提出了人与自然在可持续的条件下共存的观点，引起了国际社会的广泛关注。

1. 坚持人与自然的权利在健康的、支持的形式不同的和可持续的条件下共存。

2. 认识相互依存。人的设计因素与自然世界相互作用，并依赖自然世界，在每一个层面上都具有广阔的和多重的意义。

3. 尊重精神与物质的关系。在精神和物质意识之间，根据目前的实际与未来发展的联系，考虑人类安居的所有方面，包括社区、居住、产业和贸易。

4. 根据人的福利、自然体系的活力和两者的共存权利做出设计和决定，并对其结果负责。

5. 创造具有长期使用价值的东西。不要因粗糙制作的产品、程序和标准给后代留下负担，诸如要求为潜在的危险提供维护或预警管理。

6. 消除浪费的概念。对产品与生产过程的生存周期进行评估并最优化，使其接近自然体系的状态，消灭浪费。

7. 依靠自然能源的流动。人类的设计应该如同自然的世界从永恒的太阳能量中获取他们的创造力，有效并安全地整合这个能源，并对其负责地加以利用。

8. 理解设计的局限性。人类的创造都不是永恒的，设计不能解决所有的问题。创造和规划的人应该在自然面前保持谦卑，对待自然如模范和师长，而不应该认为自然是麻烦，需要回避或加以控制。

9. 分享知识，以追求不断的提高，鼓励同事、赞助人、厂商和用户间进行直接、开放的沟通交流，把长期可持续的考虑与道义的责任联系起来，重建自然进程与人类活动的关系。

1993年10月，汉诺威世博会总体规划正式开始，并将“汉诺威原则”作为遵照准则。1994年4月，规划设计完成。规划者认为，汉诺威市原来的展会设施缺乏整体秩序，世博会规划需要把新旧场馆统一考虑。汉诺威世博会很大部分利用了德国展览股份有限公司的展会设施，这是世博会历史上第一次利用既有设施，体现了与世博会主题相关的可持续发展理念。

汉诺威原则提出的不仅仅是一个循环利用的问题，它的本质是要我们构建一个和谐的生态环境，要平衡地去发展。因此汉诺威原则是一份具有生命力的文献，它不仅成为汉诺威世博会的准则，也成为之后世博会参考与遵循的原则。

二、人性化的空间设计

汉诺威世博会的展区采用正交系统规划，这种规划体系使道路和各功能分区能够便捷地为观众所识别，便于游客参观。简单便捷的设计风格，也与汉诺威市明晰、现代、不矫揉造作和刻意标新立异的城市整体设计风格一致。科学的规划理念将自然融入园区的规划设计，有亲和力的环境设计充分体现了以人为本的人文关怀，这使汉诺威世博会的园区处处体现了其“人·自然·科技”的主题。

另外，在各展馆之间穿插的主题迥异的广场及带状绿地也非常有特色，如世博广场、波浪公园、地球花园、发展花园等等，不仅为人们创造了休憩娱乐的空间，也使各个展馆不那么孤立和突兀，展馆群之间的过渡非常和谐。现代化的设施，如四座灯柱步行天桥，为游客进入展区游览提供了方便。这些处处体现人文关怀的绿色景观设计，保证了参观者能够在亲近自然的环境中得到充分的休息。

1. 绿色开放空间

绿色开放空间是世博会的基本组成部分，汉诺威世博会园区的绿色开放空间主要由风景园林设计师迪尔特·基纳斯特（Dieter Kienast）和卡梅尔·罗阿菲（Kamel Louafi）设计而成。前者在西部展区设计了联合林荫大道、波浪公园、地球花园等绿地；后者则在克龙斯堡营造了发展花园、世博公园等绿色开放空间。这些设计很好地运用了各地的园林景观以及各种植物的特性，展现了一个个各具特点但又清新自然的绿色景观，体现了他们对人与自然和谐发展这一世博会主题的深刻理解。世博会结束之后，这些开放的绿地都被保留了下来，现已成为市区公园的一部分。

联合林荫大道位于世博会西部展区的入口处，是世博会场地的中枢和主要绿色通道。它将西部的既有建筑——汉诺威贸易展览会场地和东部新建园区有机地结合了起来，充分体现了可持续利用的城市规划理念。作为绿色开放空间，联合林荫大道上种植了273种共460株适应当地气候条件的树种。这些树木种植于1998年，或疏或密的间距保证了不同大小、不同形体的树木均能够得到充足的生长空间；多样的植物配置手法，或针叶树与阔叶树、常绿树与落叶树相间，或外来树种与本土树种相邻，体现了世界各民族和谐共处的美好愿望，同时，也表现了人类运用自然知识来营造绿色空间的高超技能，实现人与自然的和谐发展。

地球花园位于西部展区，占地约2公顷，由3个部分组成。北部主要是7座锥形草山，象征着全球七大洲人民欢聚在一起，共同探索与寻求可持续发展的道路，这也是其取名为“地球花园”的原因所在。世界自然基金会的场馆也位于这一区域，这一场馆虽小，但却因有着一面著名的墙而让参观者趋之若骛。这面著名的墙上是技术家斯蒂芬·斯克曾斯尼（Stefan Szczesny）设计的有地球各大洲图形的，名为“生活的世界地图”的壁画，旨在表现绿色地球上的生命主题，反映了人类保护自然的决心，成为整个地球花园的点睛之笔。花园中部和南部主要是由树篱围合而成的休憩空间，既有中规中矩的网状空间，亦有各种小而私密的空间，满足了不同人群的不同需求，使人们在绿色环抱中体悟到保护自然的重要意义。

发展花园位于克龙斯堡地段，贯穿整个东部展区。设计者卡梅尔·罗阿菲受神话中的一句格言“一切都在流淌”启发得到灵感，通过景观序列的变化表现出生命如河流的主题。整个花园在结构上是一种由紧凑至松散的渐变，植物配置由规则到自然的演替，色彩则是由深向浅的过渡，设计者借花园的不断变化来表达发展的可持续性。另外，卡梅尔·罗阿菲还通过地形的高低起伏和声响效果等来烘托“发展”这一主题，漫步其中，可以感受到设计师的用心良苦，从而不自觉地领悟到与自然和谐共处的重要性。

2. 开敞空间

在汉诺威世博会整个展览场地中，除开放的园林绿地外，还有一些大尺度的室外开敞空间，如世博湖和世博广场等，这些开敞空间一方面为举办大型的艺术表演提供了场地，另一方面也为游客提供了一个会面、交流、对话、休息和放松的良好环境，充满人性化的设计充分体现出“以人为本”的设计理念。

世博湖是整个世博园中最著名的活动地点，也是游客最集中的地方，其湖面是此届世博会场地中最开阔之处。世博湖的东侧有若干正方形小岛浮出水面，这些小岛由厚厚的混凝土板桥连接在一起，形成一个各路贯通的展览场地和游客休息区。小岛上方是由慕尼黑建筑师托马斯·赫尔佐格（Thomas Herzog）设计的世博屋顶（Expo Roof），共有10组三维起翘的木网格屋顶，每个单元的中央垂直立柱既有支撑作用，又是收集雨水的落水管，屋顶覆盖物是一层半透明的再生塑料薄膜。这种将空间营造与资源保护和循环利用相结合的做法，成为未来空间设计的发展方向。

世博园中的另一个重要的开敞空间就是世博广场，由汉堡著名的GMP建筑事务所和WES景观设计事务所合作设计。世博广场占地11公顷，风格类似典型的南欧城市广场，广场的东、西两边街道的悬铃木，成了广场的绿色边界，与周围耸立的展馆产生了明显的空间分界。广场的主景是椭圆形膜顶舞台表演区（Stage Canopy），除了艺术表演，也是大型招待会的重要场所。广场中还保留了一些孤植的高大古树，四周围台有台阶，成为游客休息和放松的理想场所。所有这些景观元素都强化了广场的多功能性和吸引力，也保证了世博会后，广场的持续利用。

三、场馆设计体现“汉诺威原则”

汉诺威世博会可持续发展和资源循环利用的理念，更突出地反映在此届世博会的建筑设计上。各展馆全都秉承有利环保、可再利用的原则建造，充分体现了“汉诺威原则”。展馆形式简单明了，外观引人注目，既符合经济生态学原则，又符合最高的质量标准和审美标准。其中，以荷兰馆、日本馆、瑞士馆和芬兰馆最具代表性。

1. 荷兰馆

在2000年汉诺威世博会上，荷兰馆也许是最为引人注目的展馆建筑，独特的空间和造型形成自给自足的能源和封闭的水循环系统，生动巧妙地展示了“生态”和“环保”的主题。

荷兰馆高40米，是世博会园区里最高的建筑，它矗立在一片草地上，草地上点缀着放牧动物的雕塑，所表达的意思是：即使在人口密集的国家，人们也没有必要去寻找每一寸可以利用的土地。荷兰馆造型非常独特，其设计构思是将一系列的自然片段压缩在空中，整个建筑由多层公园叠加而成，展馆自上而下展示了沙丘、湖泊、森林和户外小径，所以人们喜欢称它为“巨无霸汉堡”。

荷兰馆共6层，屋顶上安置了6座现代风车，为建筑提供照明用电。水循环系统先由水泵抽上顶层，以喷泉的方式注入水池，然后渗入第五层的雨林，再流向第四层的水幕产生水雾效果，接着流向第三层作为外墙的冷却水，又流向第二层作为植物浇灌用水，最后流入底层的沼泽。这个“巨无霸汉堡”就如同一个微型的大自然，节省了空间、能源、时间、水和基础设施，形成了一个小型的生态系统。荷兰馆所表现出的对建筑与生态之间关系的思考得到了广泛的赞誉。阿尔弗雷德·海勒这样称赞荷兰馆：“世博会关注环境问题始于1974年的斯波坎世博会，但没有任何一个展馆像荷兰人这次在2000年汉诺威世博会上干得那么好。”[1]

[1]《文明的进程：世博会的发展与思考》. 阿尔弗雷德·海勒. 吴惠族等译. 上海科学技术文献出版社，2003年。

“巨无霸汉堡”——荷兰馆

2. 日本馆

日本展馆的设计理念就是要创造一个环保型的建筑，以便在日后拆除时可以回收利用。日本建筑师坂茂设计了一座既具日本传统又体现可持续发展的建筑——“纸质建筑”。

日本馆的拱筒形主厅由440根直径12.5厘米的纸筒呈网状交织而成，舒缓的曲面以织物和纸膜做内外围护，屋顶与墙身浑然一体。在长达半年的世博会举办期间，奇特的纸质建筑经历了各种不同的天气状况，在盛夏能阻隔热量，在雨天又不会发生漏雨，轻薄的纸质材料甚至没有被大风吹走，实在是非同一般，令人叹为观止。这座纸质建筑不仅来源于回收加工的再生纸，而且在世博会结束后，这些建造材料又被运回了日本，通过加工处理，变成了中小学生的练习本。所以日本在世博会没有产生任何不可再生的东西，所有东西都拿回去，从头至尾可谓是“从摇篮到摇篮”的完美体现。

“纸质建筑”日本馆的拱筒形主厅

日本馆的展厅内部

3. 瑞士馆

瑞士馆是对汉诺威世博会“人类、自然、科技”主题的一个最极致的诠释，由彼得·卒姆托（Peter Zumthor）设计。出于对展馆这种“临时性建筑”的最基本思考，卒姆托把技术、功能和内容有机结合，用37 000块松木以最原始的方式堆砌成9米高的木墙，通过平面的纵横、穿插与组合构成一个3 000平方米的迷宫式的“八音盒”，“盒”中有“通道”、“内院”和“中庭”等，人们可以从任何一个角度不受限制地进入其中。卒姆托称瑞士馆为Klangkorper——共鸣体，因为在屋顶上有宽的电镀排水沟，下雨时，水滴在上面发出声音，就像是大自然与整个建筑发出共鸣一般。瑞士馆为观众提供了各种感官体验，人们可以在这里闻到树木的芳香，感触到松木的纹理，感知自然的通风、阳光、雨滴以及丰富的自然光线变化，享受轻松与休闲。

“瑞士八音盒”外观

“瑞士八音盒”内部

瑞士馆的建设体现了真正的生态环保理念，所有的木头都没经过多余的加工，而且木制的墙壁没有使用钉子、螺栓和黏合剂连接，板条之间的搭接、固定仅借助于钢杆和弹簧。世博会闭幕后，这一展馆被拆除，木材在瑞士某地被重新使用。

四、世界项目和全球对话

为了在全世界传播世博会“人类·自然·科技”的主题，汉诺威世博会早在几年之前就在世界各地广泛征集在可持续发展方面具有先导作用和示范意义的实践活动，作为世博会的“世界项目”（Projects around World）。经过一个国际评委会的筛选，从中确定了来自123个国家的487

个项目和来自德国的280个项目纳入世博会“世界项目”的资助计划。

“世界项目”的内容涉及广泛，从可持续的林业生产到贫穷国家的废弃物管理。如原东柏林地区一家关闭的玻璃厂废墟周围改建工程就是博览会的一个参展项目，向游客介绍城市改建中对自然、人文的保护和利用以及在实际中取得的良性互动成果。

“世界项目”在主题展馆、各国或国际组织展馆进行展示，有些工程的代表还亲自在现场讲述他们所做的工作。有些“世界项目”成为“全球对话”的讨论议题，使世博会的主题与世界各地的发展实践形成紧密关联，进一步扩大了世博会的影响力。

“全球对话”（Global Dialogue）是汉诺威世博会的又一“新生事物”。围绕与世博会主题相关的各个议题，汉诺威世博会举办了10场全球对话，高层政治领导和专家学者前来发表主题演说，多达4 500人次参与了“全球对话”活动。

如2000年6月19日至21日举办的题为“自然资源：可持续性挑战”的研讨会旨在改进在商业和私营领域对自然资源的利用、分配和保护。8月15日至17日，又召开了一个研讨会，强调农村地区自然资源的保护和可持续性利用，研讨会的主题是“21世纪村庄的作用：农作物、劳动和生计”，内容包括粮食生产、工作机会和生活条件。10月17日至19日，第三个研讨会召开，主题是“2000年之后：我们想要一个什么样的社会”，会议旨在寻找避免和应对环境破坏的途径，在保护人权并保证生活质量的前提下制止为争夺资源而发生的冲突。“全球对话”通过电视和广播，使汉诺威世博会的可持续发展的主题产生了更广泛的影响。

五、世博园区的后续利用

世博会之后场馆的利用，也关系到世博会的成败，毕竟世博不只是为了短期效应。基于汉诺威世博会主题所包含的可持续发展理念，以及借鉴以往世博会的经验和教训，汉诺威世博会特别注重后续利用。

由于汉诺威世博会在世博会历史上首次使用既有设施，世博会场址的2/3属于德国展览股份公司的展会设施，世博会以后仍然作为展会用途。因此，世博会的后续利用主要涉及新建的建筑。

汉诺威世博会的临时性建筑多在世博会结束后异地重新使用，如尼泊尔的木制神殿在博览会结束后被拆掉运往德国西北部的汉堡市，重新搭建起来后成为旅游者的信息中心；而基督教教堂后来在德国中部地区经过改建，成为一个西多会修道院；瑞典的“八音盒”也在世博会之后运回瑞士重新搭建使用。临时建筑原来所占的区域在世博会后发展成了居住为主的新市镇。永久性建筑多数实现功能转换，得到有效再利用，如中国馆在世博会之后变成一个中医中心；会演中心作为欧洲最大的多功能馆，仍作为大型活动场所；SAS旅馆继续为展会设施提供住宿服务……

可以这样说，2000年的汉诺威世博会从理论到实践、从口号到行动、从展馆到展品，无不体现出组织者和参与者的环境保护意识，是一届名副其实的环保世博会。它将可持续发展的理念传播到全球的每一个角落，为人类指明了前进的新道路。汉诺威世博会之后，更多的人参与到了全球的环境保护中来。汉诺威世博会起到了一种推动作用，把世界引向了更好的发展方向。

第二节

让可持续发展开花：爱知世博会

如果说可持续发展的理念在2000年的汉诺威世博会上发芽，那么在2005年的爱知世博会上它开出了美丽的花朵。爱知世博会的主题为“自然的睿智”，提出的口号是“让地球充满微笑，让地球美梦成真，让地球光彩照人，让地球声形并茂”，旨在唤醒人们对各种全球性问题进行认真思考，转化人、自然和技术之间的关系，建立一个更加光明的、人与自然和谐相处的环保型国际社会。

爱知世博会还有一个爱称——“爱·地球博览会”。“爱”除了表示主办地爱知县外，蕴涵的更大主题和深意便是“爱”与“地球”，即人类如何实现与地球这个生养人类的自然环境的和谐共生，实现可持续的全球共同发展，这也是新世纪人类最为关注的一个话题。这种“爱地球”的理念在世博会的方方面面都得到充分了的展示。

一、主题的选定，尊重大自然

人与自然的关系问题，有史以来一直是人们思索、考察、研究的重要问题。纵观整个人类文明发展史，人对自然的态度经历了依赖自然—畏惧自然—征服自然—尊重自然的变化过程。

在远古时期，人是自然的弱者，大自然是不可战胜的，人类对大自然是崇敬的。在农耕文明时代，虽然人类不断向自然索取，但在由于人口较少，人类对自然的索取在总体上并没有超出自然界的调节和恢复能力，生态环境依然相对稳定。进入工业文明时代之后，人们所崇尚的世界观与核心理念是培根、笛卡儿等提出的“人要驾驭自然，做自然的主人”的机械论思想。人类认为大自然是取之不尽、用之不竭，自己是智慧无限的，运用各门科学去发现、认识、研究以至征服自然，以期向她无限索取来满足人类日益扩大的物欲。于是，人类大量地毫无顾忌地开采资源，排出有毒有害物质，以追求利润而不考虑后果和长远影响。在经历了大自然的残酷报复之后，人类终于明白：与睿智的大自然相比，人类才是幼稚的孩子。

2000年，联合国第五十五届会议上，通过了《联合国千年宣言》。《宣言》第一部分的第6条明确提出我们必须“尊重大自然，必须根据可持续发展的规律，对所有生物和自然资源进行管理时谨慎行事。只有这样，才能保护大自然给我们的无穷财富并把它们交给我们的子孙。为了我们今后的利益和我们后代的福祉，必须改变目前不可持续的生产和消费方式”。

2005年的日本爱知世博会之所以选择“自然的睿智”这一主题，是经历了环境破坏切肤之痛后的一个明智选择。日本经济发展的实践告诉他们，在自然与生命、人与技术、技术与自然的关系中，技术不是万能的，它只能与自然、与人类共生。崇尚“山川草木皆为神”的日本人认为，山川、草木、鱼虫都是有生命的，人不应该用科技征服自然，人只是地球母亲的孩子，必须要尊重自然。

爱知世博会的目的就是要展示并论证在自然、科技和文化间建立起一种新的平衡。科技在应对全球问题以及重新建立人类与自然之间的关系中起着至关重要的作用。尽管过去的工业技术主要对环境起到了破坏作用，但未来的科学技术将会开发新的能源，提高生存标准，并能改进地球人口增长的问题。但是，科技改善环境的目标只能通过全世界人民的意愿来完成，而人们的生活方式决定着技术在未来应用的方式。所以，需要建立起全球性的文化社区，而且这也只能通过文化交流来实现。

所以，人类在创建21世纪新社会之际，应追求一个与地球上所有生物持续和睦共存的美好世界。爱知世博会的“基本框架”中清楚地说明了这届国际性博览会的三个目标：1. 创立并展示一个文化与文明的伟大设计，为21世纪树立一个前沿社会模式；2. 从日本向世界发出关于新生活方式观念的信息，介绍解决我们面临的全球性环境、自然资源和其他问题的方向；3. 向后代发出有关如何建造生态社区、建立与自然和谐共存机制的信息。

在“自然的睿智”这一主题下，又衍生出了3个副主题：“宇宙、生命和信息”、“人生的‘手艺’和智慧”、“循环型社会”。“宇宙、生命和信息”这一主题展示包括最新的空间技术、生命科学的发展前沿、信息技术的应用等。运用最先进的科学研究大自然是如何运转的，并为解决地球面临的问题提供指导，比如全球变暖、能源、环境、水和粮食的供应等；“人生的‘手艺’和智慧”则展示包括尊崇自然的感觉、与大自然和谐相处的生活方式、源于自然的艺术成果等，意图合理地运用自然创造出一个让生活变得更有意义也更加轻松快乐的世界；“循环型社会”展示包括全球环境的现状和前景预测、气候变化对生命和环境的影响、资源和能源的循环利用和保护。这一主题旨在尽力通过提供新型能源、实现

“3R”（减少、再利用、循环利用）以及其他技术等建立一个环保型的社会。

当时的日本首相小泉纯一郎希望2005年爱知世博会能够有助于创造人类与自然的和谐。他说:“表现世界和谐的世博会也同样为全世界的人民提供了一个相聚的机会，共同考虑人类如何与自然相互结合的问题。科学和技术是保持环境保护与经济发展间平衡的关键因素。我希望这届展示全球和谐的博览会是一个起点，让我们思索人类与自然在未来共存的方式。”

二、选址爱自然，为苍鹰让路

1997年6月，爱知县在与加拿大卡尔加里市的竞争中胜出，取得了2005年世博会的主办权。这届世博会以“自然的睿智”为主题，但在园区的选址上遇到了与自然环境保护有关的麻烦。

在筹备2005年世博会期间，爱知县当局为了寻找合宜的场地深感困扰。场地既需要面积足够大，又不能对原有的生态环境造成破坏，实在是左右为难。世博会选址问题吸引了众多关切的目光，除了当地居民，媒体和一些环保组织也在时刻关注着。

在最初的规划方案中，主办者出于发展经济的需要，计划将濑户市东部的海上森林作为会场，世博会结束后进行地产开发。海上森林得沼泽和河流之便，成为自然生物欣欣向荣的天堂，花木扶疏、动物成群。那里共有120种野鸟栖息，包括濒临绝种的苍鹰和松雀鹰，还有日本兔、日本栗鼠、日本飞鼠等小型哺乳类动物。虎凤蝶、无霸勾蜓等稀有昆虫也随处可见，是无可取代的自然宝库。

日本的环境曾经遭受过严重的破坏，经历过20世纪六七十年代的日本人深刻体会到环境破坏对人类健康的巨大影响。20世纪末21世纪初，正是日本民众环境意识增强的时期。因此要开发如此大面积的森林遭到当地市民的强烈反对，一些社会团体和民众联合起来组成“反对爱知世博会联合会”，以爱知世博会破坏自然和环境为由，要求BIE中止这届世博会。

此外，1999年5月，在拟建会场的森林里又发现了苍鹰的巢，这也进一步激化了反对行动。野生苍鹰在日本只有几百只，被列入“濒临灭绝的野生物种”，这种鹰习惯在海拔250米以下林地的高大乔木上筑巢，即将成为世博会会址的濑户市东部的这片森林正是它们的最佳栖息地。如果砍伐森林建设世博园区，必然对苍鹰的家园造成破坏，还将导致生态圈的失衡。当地民意以及社会舆论同时对世博会选址濑户发出了反对声音。于是，为苍鹰让路，成为爱知世博会组织者的明智选择，主办方大幅度地变更会场的建设计划，新住宅区的开发计划也搁浅了。后来，濑户成为爱知世博会的副园区，占用面积缩减至

俯瞰长久手会场

建在森林中的会场到处都是郁郁葱葱

15公顷，主园区则移到了长久手，而且主园区的面积也只有158公顷，世博园区面积比原计划缩减了2/3。

为苍鹰让路的故事，成为爱知世博会一支独特的小插曲，也成为对“自然的睿智”主题最好的诠释。

三、会场建设不给自然添负担

为体现“自然的睿智”的主题，长久手会场从整体规划和设计、会场建设、运营到结束，都本着“减少环境负荷与可持续发展”这一总体方针分阶段进行。其主要内容包括以下几个方面：一是尽量保存公园内原有的树木和水池，减少对原地形地貌的改变；二是对既存的建筑及设施充分利用，减少新建过程中废物的产生；三是因世博会结束之后场内几乎所有新的建筑物将被撤去，公园恢复原状，所以要求建筑物使用的材料必须能再利用、再循环或能被自然界无害分解。

爱知世博会场址改造的原则是不动一草一木，选择场馆时尽量避免毁坏绿色的森林，即使不得已要占用原有的森林地带，也采用移植的方法，让小片森林“搬家”到新的空地上，搬家的树木都被一一编上号码，世博会结束后会被种回原地。这种理念也体现在爱知世博会的吉祥物——“森林爷爷”和“森林小子”上，“森林爷爷”和“森林小子”是来自森林的精灵。这届世博会的开幕式上特别设计了迎请“森林爷爷”和“森林小子”的仪式，闭幕式还有欢送他们重新回归森林的仪式，象征着展会结束后，他们的森林家园被完好地保存下来，树林还是树林，池塘还是池塘，丘陵也还是丘陵，原始风光依然不变。

“森林爷爷”和“森林小子”

由于会场在丘陵地带，地面高低起伏很大，上下落差可能有几十米，所以爱知县就在空中造就了一条桥廊，把分散在公园各个角落的世博会展馆逐一连接起来，成为世博会会场的主干道。空中桥廊主要是为了避开池塘和一些珍稀动物的栖息地，尽量不破坏森林，这样一个不规则的造型实际上是尊重自然的象征。空中桥廊全长2.6千米，其地板由木材制成。这种地板是由小尺寸木料粉碎成的5厘米以下的木屑，放入模型后用180℃的高压水蒸气加压约30分钟而制成的。在压制过程中，木材中纤维素的结晶构造发生变化，使木屑制成的地板有形状记忆，能保持永久不变形。由于只选用天然的木材，其中也没有添加任何化学物质，所以不会对自然造成负担。世博会结束后，这个空中桥廊被拆除，森林公园又恢复原貌了。

爱知世博会空中桥廊

沿着空中桥廊往北，有一个1 500平方米的喷泉广场。广场以"花、水、风、日"为主题，庭院内有四季盛开的鲜花，庭院前的一排排银色圆柱上各有一个小风车在风中转动。设置了太阳能发电装置的喷泉广场时不时喷洒一下水雾，给游人带来阵阵凉爽。广场前庭的材料均来自发电过程中产生的废料，如使用流木碎片作为前庭道路的基材，使用煤灰等材料制成花坛边沿的砌砖，利用漂流在火力发电站进水口附近的海蜇、贝类等加工成含肥料的花坛土壤等等。

长久手会场还有一个著名的"爱·地球"广场，这里有一个巨大的绿化壁，被称为"生命之墙"。这个"生命之墙"的英文名为"Bio-lung"，由意味生物的"bio"和意味肺的"lung"组合而成，寓意"基于生物力量的城市的肺功能"，使参观者可以充分感受环保功能与其美丽的观

生命之墙

新型IMTS

赏价值。"生命之墙"由日本20多家相关企业协作开发,可谓是最新的壁面绿化技术的集合体。整个绿化壁长达150米,高12米以上,由小块单元植物模块装配而成,配有灌浇系统小块的模块也可以很方便地移植和搬动。

世博会场的各种新型交通工具也都选用新能源作为燃料,保证不产生大气污染。例如,在六个全球共同展区里的"全球环境公路"上行驶的公车FCHV是使用新型燃料电池的无污染公车;穿梭长久手会场的三台式连动型IMTS(利用尖端IT技术建造的智能多模式交通系统),除了第一辆有人驾驶外,后面两辆都无人驾驶;在空中,使用电池发电的高空缆车悠然来去。

四、场馆设计处处体现环保理念

爱知世博会有121个国家、地区以及4个国际组织参展,既融汇了当前世界的高新技术,也汇集了世界古代文明和传统。它将古代文明与现代技术融为一体,既展示了文明古国的风采,也体现了现代都市的风貌。

由于爱知世博会提倡以减少占地面积、经济性和再循环利用的可持续发展理念,各展馆利用原有的或高或低的地形全部倚势而建,而且很多设计在建筑节能及采用再生能源等方面下了很大的工夫。爱知世博会没有留下任何无意义的建筑设施,所有场馆全部采用钢、木材料建造,不用一点水泥,以便世博会结束后,可以像积木一样拆除。

1. 日本馆

外形像“竹笼”的日本馆

爱知世博会日本区由日本馆、爱知县馆和名古屋市馆组成。日本馆占地8 029平方米，建筑面积为5 947平方米，由日本设计株式会社的彦坂裕设计。

日本馆表达了重新连接渐渐疏远的人类与自然的关系，外观犹如一个蚕茧状的巨大竹笼，这是受蛹、茧和地球大气层的启发而设计的。建筑师比喻这个笼子是地球表面的大气层，是可调节环境的装置。展馆能躲开40%的直射阳光，并通过墙面绿化和间伐木材节省能源，构造良好的自然通风环境。展馆最长处为93.5米，最宽处为73.5米，高19.47米，共用了日本九州及关东地区产的竹子2.3万根，是当时世界上最大的竹建筑。竹子经过特殊的烟熏处理，克服了发霉、龟裂、虫害等弱点，重量轻，再利用性能优异；竹纤维的吸音性能和隔热性能优越；把竹子编成六股使用，则使整个建筑既美观大方，又坚韧牢固。“竹笼”外面的屋顶和墙体是纸做的，它可以使阳光变得柔和，保持展馆通风、凉爽怡人。“竹笼”材料全部可以再生利用，最后就作为学生教科书的用纸。这里应用了各种各样的新技术，包括采用最尖端技术的新能源系统、降低空调负荷的竹笼、超亲水性光触媒钛钢板流水降温屋顶、通过植物叶子蒸腾给周围带来清凉的绿化墙和可重归土壤的外墙和砖。

名古屋市馆是一座47米的高塔，又称“大地之塔”，是爱知世博会的标志性建筑。“大地之塔”的设计理念是“让人们感受大自然的光、风、水所创造的艺术”，在塔高40米处装设了3枚直径10.5米的透亮圆盘，里面灌注了各色液体，圆盘转动时，形成了世界上最大的万花筒。“大地之塔”的设计充分体现了废弃物循环利用的原则，其外墙材料用废水处理时产生的污泥作为原材料，广场的地面铺装材料也是用垃圾焚烧后的残渣作为骨料烧制而成，再一次印证“没有垃圾，只有放错地方的资源”这句话。

2. 英国馆

作为1851年首届世博会的发源地，英国对组织和参与世博会有丰富的经验和成熟的理念。英国馆在策划阶段，就把重点放在对主题“自然的睿智”的阐述上，因此最终的主题确定为“充满祝福并生机勃发的星球”。

对参展者来说，要在短暂的参观时间内贴切生动地诠释“自然”以及“人与自然的关系”并不是一个简单的课题，因为越是大家都熟悉的东西越是难以展示。最后，设计者成功将抽象理念化解为简单明了的展示内容，以花园、艺术、创新和风景四个元素切入，从多角度反映了英国在可持续发展领域的尝试和成就。

在世博会众多展馆中，英国别出心裁地设立了唯一的露天展馆。展馆一半的面积用于建造一个小树林式的花园，种植了40棵酸橙树、2 000株水仙花、5 000株苏格兰蓝钟花以及毛地黄、野当归和不同的蕨草。这些英国常见的代表性植物，错落有致地组成了一个英国风格的花园。整个花园营造了安宁愉快的观赏气氛，观众能在这里领略到“园艺之乡”英国的自然风光，体会到英国人亲近自然、与自然和谐共处以及善用自然的“睿智”。在六个月的展期内，花园的景观随季节变化日新月异，这一时间上的变化与汉诺威世博会上的发展花园空间上的变化有着异曲同工之妙。40棵酸橙树以参差不齐的天然形态连成优美的风景线，树下形状、颜色、质感各异的草本花卉，反映了自然界丰富多样的生物多样性。三月早春，嫩黄的水仙花在风中摇曳，春末是蓝色的苏格兰蓝钟，夏季里紫色、粉色花束次第盛开，而深浅不同的绿色灌木蕨草则是贯穿始终的背景。园中林木花草的自然生长变迁，使英国馆不断有新鲜的面貌，展示内容也有动态的更换。

在英国馆花园和通向展厅的过道中，展示了由英国当代著名艺术家创作的艺术品，这些作品是专为英国馆创作的，包括雕塑、照片、原声音乐等。这些艺术品的设计灵感来源于大自然，从不同侧面反映了地球生态环境面临的现状，如生物种群的消失、土壤侵蚀、水源退化、树木砍伐、废弃塑料及其他污染等，表达了艺术家对日益严重的生态问题的关注，也启发观众思考人类与自然的关系。一件名为《白宫》的白色石膏雕塑，雕塑上方的树枝缠绕着水管，水滴缓慢地滴落在雕塑上，在展览的几个月时间内逐渐将崭新的雕塑冲蚀出斑驳陆离的沟壑。作者通过展示流水对雕塑的侵蚀，反映了地球正越来越受到雨水、洪灾侵害的现象。其他的艺术作品也创意十足，引人思索，例如名为《边界线》的作品，用废弃的塑料颗粒和沙子合成制作了彩色的地砖，并铺砌在花园的小径上，既是花园的一部分，也是一件展品。在连接花园与室内展厅的过道中，陈列了不同天气情况下拍摄的伦敦天空的图片，背景配以实地录制的26种不同鸟类的鸣叫声。这些艺术品，被放置在花园之中，艺术来源于自然，自然因艺术而增色，两者的结合体现了人类的睿智。

英国馆室内展厅占据了展馆的另一半面积，展示了英国的7个创新发明项目与产品，这些项目与产品都是在自然现象的启发下，根据仿生学原理创造出来的。这些项目除图解和模型之外，还安装了电脑控制的游戏装置，供观众用“手”互动，参观者通过亲手操纵以及参与简单的游戏，不仅得到感性认识，而且还能领悟到自然界对日常生活的影响无处不在。一些项目给参观者留下了深刻的印象。如被纳入英国“千年工程”之一的《伊甸》，该项目位于英国西南部的康沃尔郡，投资8 600万英镑，包括两组占地2万多平方米的温室，温室用蜂巢式的六角形和五角形的钢结构框架建造，并覆盖以高科技材料制作的透明膜，种植了5 000多类共10万株植物，研究人类和不同种群植物之间可持续发展的关系，并以展示、讲座、实验、表演等形式传播和交流环境保护理念。还有一项名为《潮汐能量之文字浪潮游戏》的展品：参观者摇动手柄，展示台上显示出连串的短句、文字、符号如潮水般涌动，并依操纵者的力度大小而急缓不同，提示了每天两次的潮汐涨落中蕴涵着巨大的洁净、经济的可利用能源。展示介绍了英国科学家正在进行的“潮汐发电工程”（TidEl System），将一对半径为15米的螺旋桨放于海底，同时连接到漂浮在水面上的发电机，由潮汐能量带动螺旋桨而产生电能。这种通过直接参与的形式比传统的“我展你看”的形式更能让参观者得到直观的感受，这也是英国馆得到众多参观者称赞的主要原因。

从展厅走向花园出口时，观众会发现花园围栏上高低错落地挂有近二十个粉红色的“鸟屋”。当参观者凑近鸟屋上的小孔，会非常意外地发现里面并不是鸟，而是英国自然风光的幻灯片。简单的展示内容包装以巧妙的形式，使观赏者兴趣盎然。展示者的创意，由此可见一斑。

3. 土耳其馆

爱知世博会土耳其展馆采用了传统伊斯兰教大开间的建筑风格，类似一个雪花造型的几何晶体，寓意土耳其造型艺术均来自大自然赋予的灵感，巧妙地表达了“自然的睿智”的世博会主题。土耳其馆的主题是“自然中的艺术，艺术中的自然”，参观者伫立其中，会不知不觉被神奇的自然和受自然启迪而创造的土耳其艺术所吸引，并和它们融为一体。

值得一提的是，土耳其馆的一个关注点放在了因毁灭性开发以及气候变化而导致快速减少的森林上，因此，建馆采用木材。世博会结束后，土耳其馆拆除后，这些木材被全部运回国内，作为新建伊斯坦布尔历史博物馆的建材。这一循环利用的方式也充分体现了此届世博会关注自然的主题。

4. 企业馆

企业馆在爱知世博会上的表现同样令人关注和钦佩。企业生产就免不了消耗能源和排放温室气体，这是工业发展与环境保护的一对矛盾。但是，对待环境保护的态度以及为此做出的努力却反映出一个企业的文化内涵，在这方面，日本三菱集团和丰田集团的做法值得世界上的所有企业好好学习。

为了响应2005年世博会的主题，同时也是为了环保作出贡献，三菱集团在爱知世博会上建了一个环境保护教育为主题的“三菱未来馆@Earth”，通过提供财政支持帮助保护马达加斯加东部的雨林，借此抵消自己的碳足迹（carbon footprint）。

丰田馆以按照地球再生机制循环运行的“地球循环型展馆”为建设目标，其设计充分体现了可持续发展的理念。丰田馆的建筑材料采用了再生或可重复使用的产品，展馆外壁采用废纸再生纸壁材，内壁则利用了丰田集团正在极力商品化的无污染、可再生的孟买麻材料。展馆的主体采用了可解体和再使用的钢铁构架，并使用新开发的摩擦结合施工法建设，完全不需要焊接。世博会结束后，通过彻底的解体和分类回收，所

2000年爱知世博会丰田馆

有建材都能进行再使用和再生利用，做到了建筑废弃物为零。另外丰田馆使用以风力发电为主的可再生能源，实现展馆运营过程中的二氧化碳零排放。通过这些方式，丰田成功向全球传达了爱护自然、保护人类生存环境的企业社会责任，树立了良好的企业公民形象。

五、没有垃圾，只有放错地方的资源

在垃圾处理方面，爱知世博会一方面尽量减少垃圾排放，即使要排放垃圾，也要尽量在使用之前采用可转化循环利用的材料。另一方面对于垃圾排放实行分类，以达到便于循环利用的目的。

爱知世博会的垃圾分类非常细致，每一个垃圾收集点通常有12个垃圾箱，垃圾被分成6大类：玻璃类、塑料类、纸屑类、果皮类、金属易拉罐类、流质类，人们随处可看到成排的垃圾箱，志愿人员指导游客按正确的方法把垃圾扔到不同的垃圾箱里，工作人员定时定点按照分类收集垃圾，并根据它们的类别送往不同的地方，通过不同的处理流程及时循环和再利用，如可燃垃圾焚烧发电，用作世博会照明供电；不可燃垃圾作为资源回收，充分体现循环经济的3R原则（减少、再利用、循环利用）。

世博会每天都要接待大批游客，会场内的各式餐厅和各国特色小吃店内总是人流不断，产生了大量的一次性餐具和其他垃圾。据统计，食

2000年爱知世博会的分类垃圾箱

品垃圾最大产生量是4.8吨/天。世博会场使用了25种、大约12万个洗净后可循环使用的餐具，一方面减少了一次性餐具垃圾的产生量。简易餐具和塑料垃圾袋则都采用生物材料制成，方便后续降解。而食品垃圾经粉碎、加水和碱处理，变为浆状后装入发酵槽。据称发酵沼气生成过程需要2周，食品垃圾全部由该系统进行处理。所生成的沼气作为燃料电池的燃料利用，剩下的渣液是优良的农田肥料。

此外，爱知世博会的会场还设有环保厕所，通过微生物和臭氧处理，排泄物直接被处理成为清透的中水，中水可再用来冲厕所和灌溉植物。这样，既不向河流排放污水，在世博会期间还节约了1 000吨水。

六、市民参与，环保互动

为了让观众亲自参与保护环境，爱知世博会期间，主办方邀请了约90个非盈利团体和非政府团体，围绕自然与环境、国际合作和可持续发展等问题，进行了一系列的信息共享活动和座谈会，观众可以报名参与讨论环境保护及可持续发展的主题，这在世博会历史上还是首次。在首次举行的信息共享活动中，讨论的主题是文化、环境和发展之间的相互关系，以及平衡发展的可行性。世博会的触角开始深入到普通市民中，成为市民展示、交流和探讨的舞台。

濑户会场的海上广场和爱知县馆，是市民参与环保活动的主要场所。在海上广场，有普通市民讲解自己保护环境的小发明。爱知县馆展出了500所小学的1万多名学生利用废物制作的各种昆虫。在广场空地上，孩子们用黏土制作花瓣和叶子，合成花束放在器皿中。

日本正在倡导建设“循环型社会”，每个公民行动起来是建设循环型社会的重要保证。保护环境的观念已经深入每个公民的内心，通过参加环保互动活动，“从我做起”的环保观念会更加牢固。日本总人口为1.26亿人，观看爱知世博会的日本人为1 350万人，占总人口的十分之一以上。通过环境保护互动节目让人们体验环保，无疑对日本的可持续发展大有帮助。

如今，森林公园恢复了从前的宁静与安详，世博会的新建建筑已被拆除，难寻曾经世博会的痕迹。人们很难想象，上千万人曾经在这里欢聚、交流，接触大自然，并融于大自然。爱知世博会以最新的科学技术展现各国和各个民族与土地之间、与大自然之间的深厚联系，以及在这种联系的基础上发展起来的文化和精神特点。这次世博会是一次成功的生态技术和环保理念大展示的盛会，也许这就是爱知世博会留给这座城市乃至世界的最大财富。

第三节

将可持续发展写进主题：萨拉戈萨世博会

2008年的西班牙萨拉戈萨世博会是一届介于2005年爱知世博会和2010年上海世博会之间的认证类世博会。这届世博会的主题为“水与可持续发展”，主要是为了应对21世纪以来继续恶化的水环境和水资源利用问题。世博会希望为各国提供一次展示各自对世界水文化创新贡献的独特机会，各个参展方以自己的方式解答水在21世纪的时代命题与挑战。

萨拉戈萨世博会将“可持续发展”写进会议主题，给予它至高无上的地位，这在世界博览会的历史上是第一次。可持续发展这个先进的观念，也凭借着世博会的影响力，成为当今世界各国选择发展道路、面对未来挑战的共同指南。

一、萨拉戈萨，一个因水而生的城市

萨拉戈萨是西班牙第五大城市，位于马德里到巴塞罗那的中心位置。对于整个西班牙来说，萨拉戈萨的战略地理位置非常重要。这里是三条主要河流——埃布罗河、加耶戈河和韦尔瓦河的交汇地，埃布罗河在一年中的特定时间段里可以涉水而过。从城市俯瞰着河道两边富饶的漫滩，河流与道路基础设施为通往北部和罗马利比利亚中部地区敞开了大门。可以说整个城市都是因水而生。

虽然说母亲河埃布罗河孕育了萨拉戈萨古老而悠远的文明，但是萨拉戈萨常年遭受着循环往复的干旱与水患。干旱不仅造成了旱田和灌溉田的减产，最终引发供水问题，更重要的是它还会引发森林火灾和土壤风化；干旱之后往往是洪水肆虐，淹没农田，并导致生态环境的破坏。而且循环往复的干旱和水患，不仅仅是西班牙某个地区的孤立的问题，而是全球很多地方都面临的问题。萨拉戈萨世博会的“水与可持续发展”这个主题看似简单，但它却是被环境逼迫的西班牙人在经历了如此切肤之痛之后替全球人民做出的一

个勇敢选择。

也许是为了印证萨拉戈萨世博会主题的现实性，“水”给萨拉戈萨组织者制造了不少的麻烦。自2008年春季开始，西班牙全国遭遇了40年来最严重的干旱，整个埃布罗河流域的储水量严重匮乏，西班牙全国水库平均蓄水量仅为库容的50%。加泰罗尼亚自治大区首府巴塞罗那等城市，甚至用船从邻近地区和法国运水以缓解水荒。

在加泰罗尼亚，有一个叫圣罗曼的小村庄，它所在的山谷在20世纪60年代变成了一个水库，40多年来，这座废弃的中世纪教堂一直浸泡在湖水中，只有一段钟塔露出水面。但自从天气干旱以来，水库水位不断下降，最后，整个教堂建筑竟然又重见天日。

然而就在世博会开幕前十几天，萨拉戈萨等地区忽然连降大雨，水库的蓄水量迅速增加，不得不开闸放水，埃布罗河河水暴涨，涌进了一些老城区，还对沿岸的水果种植业造成了破坏。根据气象记录，世博会开幕的这个月成为西班牙100年来雨量最为充沛的一个月份，圣罗曼村那座古老的教堂再次被洪水吞噬，上涨的河水甚至一度淹没了临河而建的世博会演艺中心舞台，让人一度怀疑世博会能不能如期举行。天遂人愿，6月14日，世博会还是在埃布罗河畔顺利开幕了。

二、展馆演绎水主题

萨拉戈萨世博会“水与可持续发展”的主题，旨在对人类发展至关重要的水进行细致、敏锐、积极的研究，应对从可持续发展的道德观到创新方面的挑战。博览会的主题概括为“水，独特的资源”、“水，生命之源”、“靓水景色”以及“水，连接世界的纽带”四个方面：

全球性缺水不仅仅是水资源的短缺问题，也是如何对水资源进行利用和管理的问题。如何在利用水资源方面展开一次涉及社会、经济、政治和环境在内的根本性的文化变革是“水，独特的资源”这一主题想要诠释的内容；没有水就没有生命，人类如何与自然和谐相处是“水，生命之源”所要表达的内容；通过展示与水相关的图片、模型、特殊的媒体，以及水动力系统装置等来反映出人类文明与水资源息息相关的发展史，让人们更直观地认识到水资源的重要性在“靓水景色”这一主题下得到体现；随着自然界中的“水”变成“水资源”，其稀缺性日益得到体现，未来关于水资源的争夺可能不会亚于现今的能源战争，如何使各利益主体友好共处是“水，连接世界的纽带”这一主题要探讨的问题。

各参展国家、地区、国际组织通过影视多媒体、物品、图片、案例等各类方式，呈现不同文化背景的人们对水的认识，各自演绎自己对“水”的理解。三大主题展馆、六大

萨拉戈萨世博会主题馆之一——水塔

主题广场以及各国家馆的设计、园区的布局无不围绕着“水”这一主题做文章。

水塔是萨拉戈萨世博会三大主题展馆之一，也是这届世博会的地标。这幢高76米的建筑由玻璃、钢铁和水泥为材料，从空中俯瞰，水塔犹如晶莹的水滴。水塔的展示主题是“水，生命之源”，主要探讨人类与自然界相互交融的议题。走进水塔，便开始了“水的故事”的行程。展览首先展示水对地球生命的诞生和进化的重要性，以及水的一些主要物理化学属性；随后，展示水通过地球上主要生态系统改变地形的能力：暖温性荒漠、寒荒漠、草地、地中海、热带雨林、温带森林、岛屿以及海岸；最后，展示水如何成为人类生理机能的重要组成部分。水塔内还有一座名为“Splash”的雕塑，这座壮观的雕塑竖立在塔内中央，寓意“生命降临这个星球”。水塔给参展者留下了深刻的印象，也让参展者更多地了解到了当今的水问题。

为了让公众更进一步认识到水在生活中的重要性，萨拉戈萨世博会还设了六个主题广场，称为“生态大道”，连接主题馆与西班牙馆。这六个广场的主题分别是“水的启发”、“极致的水”、“干旱”、“家园、水和能源”、“水之城”以及“水资源共享”，从不同的角度让人们意识到人类与水的关系，反思自己的行为。这六个主题广场围绕该届世博会的总议题，从水资源短缺和泛滥、水的可持续利用，以及水的能源价值等各个方面展开讨论，让人们深刻感受到合理利用水资源，让其造福人类的必要性。

除了主题展馆和主题广场之外，各国家馆也都竭尽全力让参展者亲身感受各自国家和地区对水的认识和理念，展示了水对于地球上生命的绝对重要性，提出与水合理互动的方法，并呼吁对“水资源”进行妥善高效的管理。

东道主西班牙馆的场馆设计模仿一个森林，形状犹如“水面升起的竹林”。屋顶下齐刷刷耸立着一根根暖黄色的陶器柱，这些立柱中间是钢管，钢管四周由泥土烧制而成，取材天然，美观又环保。这些柱子立在水池中，水沿着陶管向上渗透，将水分向空气中散发，创造了湿润而又阴凉的小气候环境。西班牙馆的主题为“水之风景”，场内共有五个展区，包括“水之子”、“地球上的水”、“西班牙与水”等，以不同方式展示水对人的重要性。

德国的水技术一直都走在世界的前列，德国馆水环境部分的展品向人们展示了德国在水技术领域的创新能力。参观者可以从这里了解到一个百万人口大都市的饮用水供水系统是如何运转的，在家庭中如何能够循环利用水，或是怎样用紫外线净化水等技术。

法国馆展示了水的净化和添加矿物质过程；意大利馆利用声、光、电的表现形式阐述了威尼斯面临的水泛滥问题，探讨了水与地中海文明发展的关系；日本馆采用多媒体电影展示了国家历史与水文化的内在联系。

西班牙国家馆屋檐下的陶器柱

中国展馆面积1 200平方米，是萨拉戈萨世博会最大的参展馆之一。中国馆的主题是“人与水：复归和谐”，分为“水孕中国”、“水利中国”、“水文中国”、“人与水：复归和谐”四个展出部分，展示了中国古代、现在和未来的水利、水文化，以及中国在水污染治理和节约用水等方面的丰富经验。

三、水主题论坛与《萨拉戈萨宣言》

为了能让人们共同参与探讨解决人类所面临的水问题，世博会期间召开了一系列的主题论坛，邀请全球与水有关的政治家、专家、媒体、大众从不同的角度对“水与可持续发展”主题进行思考、对话和探讨。

“水主题论坛”讨论成果最终结合形成了《萨拉戈萨宣言》，并在世博会的闭幕式上宣布。《萨拉戈萨宣言》强调，应该使所有民众意识到水是一种资源，同时也是一份遗产；各国政府应将水基础设施投资当成减少贫困、发展经济的重点，高度重视气候变化对水资源的威胁和影响。

为了表彰萨拉戈萨在水问题上作出的贡献，萨拉戈萨被指定为联合国“十年水资源”活动（2005~2015年）的总部，成为世界性关于水问题的思考和探讨的重要地点。

萨拉戈萨世博会是针对世界上成千上万的人所面临的如何解决供水、水卫生、水净化等问题的一次全球大讨论，这次讨论不仅对于科学发展，同时对全体民众都具有重要的意义。当然，也许一次以水资源为主题的世博会并不能立竿见影地解决全球的水危机，但这一命题无疑具有广泛的现实意义，向人类敲响了警钟，从这个意义上说，这次世博会无疑是非常成功的。而一届成功的世博会，总能使当今世界沉思片刻，反省以往的过失，聆听未来的声音，决定如何更好地迈出下一步。

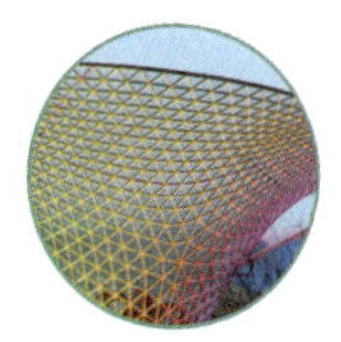

第五章

聚焦城市：上海世博会的环保理念

城市，是经济发展的产物，是人类社会进步的标志。1996年，联合国人居组织发布的《伊斯坦布尔宣言》指出："我们的城市必须成为人类能够过上有尊严的、健康、安全、幸福和充满希望的美满生活的地方。"城市是人们为了生活得更美好而聚集的地方，但是现代城市发展过程中出现的诸如人口膨胀、交通拥挤、住房紧张、能源短缺、犯罪增多、污染严重、环境恶化等问题，不禁使人们开始重新思索城市对于人类的作用：城市必然会使生活更美好吗？怎样的城市才能使生活更美好成了世界各国共同关注的问题。上海世博会在这样的背景下提出的"城市，让生活更美好"的主题，深刻反映了国际社会对于城市化浪潮、未来城市战略和可持续发展的高度重视，也是对汉诺威和爱知世博会可持续发展理念的升华。

第一节
“城市”主题选择的现实意义

一、城市与城市化问题

城市，是经济发展的产物，是人类社会进步的标志。美国学者曾说：“城市是一种特殊的构造，这种构造致密而紧凑，专门用来传播人类文明的成果。”西方许多文字中的“文明”，都来源于拉丁文的“城市”，这是有道理的。1996年，联合国人居组织发布的《伊斯坦布尔宣言》也指出：“我们的城市必须成为人类能够过上有尊严的、健康的、安全的、幸福的和充满希望的美满生活的地方。”城市是人类文明的中心，也是人类美好生活的聚集地。

但是，城市并不等于城市化（现代化）。城市化与城市的根本区别在于：城市化创造了新的生产方式，改变了社会的产业结构、政治结构和管理结构，并使人们的思维方式、情感方式、交往方式和生活方式发生质的变化；而单纯的“城市”所能达到的，只是引起某个方面的集中，如人口的集中，以及工业、交通、运输的集中等。尽管这些集中促进了劳动者、劳动对象和劳动手段等生产要素的变化，创造了高效率的生产和新的生产方式，但是这种集中的功能不能仅从量上来考察，还应从质的飞跃上来研究。大城市因人口的空间集中、区位优势所产生的巨大的集聚效益、规模效益和分工协作效益，要比中小城市所产生的效益高得多。据研究资料显示，德国在人均产值上，50万人口以上的大城市比中小城市要高40%左右。原苏联100万人口以上的特大城市，人均产值和资金回收率比小城市分别高出42%和93%。因为大城市的集聚功能，使社会在经济、政治、管理等各方面都产生了巨大的飞跃；生产、交换、分配、消费等经济活动的主要环节可以密切配合、运转顺畅而保持高效率。随着集聚程度的加大，各种文化、服务产业也迅速增加，形成蓬勃发展的第三产业。由于城市的不断扩大、在城市化进程中城市数量的不断增加，各城市相互之间依存程度也在不断深化，各类管理、协调和控制机构规模也随之扩大，城市化的功能及其作用愈来愈显著。

城市化和工业化的兴起与发展，在很大程度上与人口的聚集过程有关。18世纪中期到19世纪中期，是先进工业化国家率先进入城市化的阶段。1750年，英国的伦敦只有75万人，到1850年，短短的100年中，人口就增加到236.3万人。据统计，1801年，英国5 000人口以上的城镇只有106个，居民仅占英国人口总数的26%；而到1851年，城镇增加到265个，城市人口超过英国人口总数的50%，英国成为世界上第一个基本实现城市化的国家。

随着城市化进程的加速发展，到20世纪中叶，城市化成了世界性的汹涌浪潮。城市人口在世界人口总数中的比重逐渐增大。根据国际统计年鉴，1950年，城市人口的比重仅为28.4%，到1990年已上升到43.4%左右，2000年为47.0%，而到了2007年底，世界65亿人有33亿住在城市，城市人口第一次超过农村人口，据估计，到了2050年，全球有70%的人口为城市居民。

从世界范围看，1900年，全世界100万人口的大城市有11个，至1980年增到234个，2000年更是增至391个，截止到2006年，全球共有437个百万以上人口的城市。同时，城市的规模也越来越大，2008年，全球有55个人口超过500万的城市，其中人口超过1 000万的特大城市有24个，上海也包括其中。

城市和城市化在人类社会文明发展史上的进步意义是多方面的，我们怎么估计都不过分。然而，当人类将城市化集聚所引发的功能及其高效率发挥到极致时，城市作为人类的"居所"和生活的"空间形式"这一最根本的功能却被人们忽视和忘记了，即在城市高度集中的同时，也把社会和时代的各种矛盾和问题几乎全部都集中了起来。也就是说，当人口和产业的集聚达到一定的密度和规模时，城市，特别是大城市的负效应、副作用以及非经济型问题便急剧增长，甚至问题成堆、无法解决，已经成为世界许多国家"城市病"，或"虚假城市化"蔓延的温床。

城市人口的发展，意味着人类居住区和人工环境的扩大，相形之下，自然环境便在缩小。因为人口增加了，住房和基础设施就要增加，住房和基础设施增加，势必使生态环境遭受破坏，土地受到污染。这就导致城市房价、地价的上涨。统计资料称：日本、美国和法国，大城市居民的房租支出占总收入的30%~40%，大城市的房租要比周边的中小城市高4~5倍。这使大城市的贫困人口大量栖息在拥挤、肮脏、治安极差的贫民窟里，甚至露宿街头、公园和其他公共场所。

交通堵塞、事故频繁也是世界各大城市的通病。因车流量严重超出设计标准，芝加哥几乎全天都严重堵车。纽约的曼哈顿等繁华区，伦敦、东京等城市的中心区，平均行车速度仅为每小时10千米左右。统计资料表明，发达国家每年因交通事故死亡的人数高达数万之多。发展中国家由于基础设施落后、管理水平低等原因，交通状况更差，道路、桥梁、建筑、供水、供电、供热和能源设施普遍老化、落后，跟不上城市扩张、人口剧增的速度，城市人口只能生活在贫困的紧张状态之中。

快速城市化已经导致越来越多的大城市面临着空气污染的问题，尤其是在发展中国家。据统计，现在全世界有11亿人口生活在空气污染严重的城市里；因城市空气污染的问题，每年有高达一百万的人口在未成熟和出生前就夭折。

城市垃圾是城市生态系统的污染源。据统计，世界各国的垃圾以高于其经济增长速度2~3倍的平均速度增长，2008年，世界城市垃圾的产量已达到40亿吨。城市垃圾不仅增长速度快，而且处理起来越来越困难、越来越复杂。垃圾中包含着越来越多的化纤、塑料、金属等有害固体物，科学家预测，如果不认真处理，不到50年，城市的大部分地区就会埋没于2米深的垃圾之中。

城市噪声是仅次于大气污染和水体污染的第三大公害。美国城市噪声的响度，每年增加一倍。现在美国约有8 000万人受噪声干扰，其中4 000万人的听觉受到噪声的严重威胁。日本文部省调查，全国有10%的学校因噪声干扰而无法上课。这些问题如果不采取积极措施加以解决，城市的环境问题就会日益凸显，变得越来越严重。

城市环境的恶化并不全是工业化和城市化的罪过，随着社会生产力的提高，城市必须向城市化发展，城市化也不能离开工业化，只有工业化才能创造出满足社会需求的、丰富多彩的物质，创造出如此高集聚程度的生产线和流通线。但我们也必须意识到，空气、水源、海洋的化学物质的污染，工业化和城市化难辞其咎，并且要负主要责任。我们之所以指出其不可分离的共同责任，是为了明确保护生态环境系统的重点和主要任务是城市，重建人类家园的重头戏也必然首先在城市展开，现代城市人对此应有高度的责任感和时代感。

二、城市，应该让生活更美好

城市是人类文明的结晶，又是一个生命体。她兼收并蓄、包罗万象、不断更新的特性，促使人类社会不断进步，生活不断改善。亚里士多德说过：“人们来到城市是为了生活，人们居住在城市是为了生活得更好。”然而，快速城市化过程中出现的各种棘手的问题不禁让人质疑：城市一定能让生活更美好吗？如果不是，那么，什么样的城市才能让生活更美好？我们追求的美好生活又应该是什么样的？当我们生活在美好的城市里，享受着美好的生活时，不能以牺牲环境为代价，那么我们应该怎样才能让地球家园更美好？这些发人深省的问题，正是2010年上海世博会希望能与世界共同探讨和解决的问题。

选择“城市”这一主题，应该说在世博会150多年的历史中是第一次。上海世博会的“城市”主题，体现了全人类对于未来城市环境美好生活的共同向往，反映了国际社会对于城市化浪潮、未来城市战略和可持续发展的高度重视，它是对汉诺威和爱知世博会环保理念的一次升华。

城市问题，是全球共同面临的问题，“城市”主题的提出引起了发达国家和发展中国家的共鸣。据了解，在世博会开幕倒计时一周年前夕，已有236个国家和国际组织确认参展。其中非洲国家50个，亚洲国家45个，欧洲国家46个，大洋洲国家16个，美洲国家32个，国际组织47个。其中，有不少国家从来没有或已多年没有参加过世博会，18个国家甚至尚未与中国建交。这次世博会的参展国，在地域的广阔性和来源的丰富性方面都是前所未有的。上海世博会阿联酋政府总代表萨利姆·赛义德·阿迈里说：“大家如此积极参与这届世博会，是因为东道主选定的主题，即如何实现可持续发展、建设更美的城市，与各国发展产生了强烈的共鸣，而上海世博园区就是一个最佳实例。”

国际展览局秘书长洛塞泰斯认为，在当前城市人口已超过全世界人口总数一半的重要“关口”，上海世博会选定“城市”为主题，全面探索全球城市化进程中的挑战和机遇，可谓正当其时、意义深远。相信上海世博会必定会迎来一场关于未来美好城市生活的全球大讨论。

三、一切为了世博：上海城市环境综合整治

1999年，上海市政府在提出申办2010年世博会设想的同时，环境综合整治工作就同步进行了。2000年起，上海滚动实施了“上海市环境保护和建设三年行动计划”，目前已是第四轮。在实施“三年行动计划”的十年中，环境保护工作取得了巨大成就。

以大气污染控制为例，从1997年至2008年，上海共对5 975台燃煤锅炉进行了清洁能源替代改造，在内环线以内666平方千米区域，实现了无燃煤化。通过产业结构调整，淘汰了3 000余家“两高一资”（高污染、高能耗和资源性）的企业。通过工业区的产业结构升级，吴淞工业区从技术工业落后、环境污染严重的老工业基地，初步转变为城市现代工业区；桃浦工业区以消除恶臭气体为重点、结合产业结构调整升级为主要方式，对21家企业的27个废气污染源进行了整治，有效改善了这个污染严重的老化工业园区的大气环境质量。从2005年到2009年上半年，上海所有燃煤电厂1 000万千瓦以上的燃煤机组全

部完成了脱硫改造，有效减少了燃煤电厂的二氧化硫排放量和颗粒物排放量。

上海还大力发展公共交通，提出了“公交优先”的口号。上海自1995年4月10日第一条地铁线路1号线通车运行开始，目前已完成了420千米轨道交通建设，用不到20年的时间走过了西方发达国家100年的轨道交通历程。自2006年开始，将更新和改造高排放公交车和出租车列入市政府的议事日程，截至2009年底，完成了7 000辆公交车和3.2万辆出租车的改造和更新。联合国副秘书长、环境规划署执行主任阿希姆·施泰纳将这一努力称为“绿色交通的典范”。他说，此前从没有任何国家会以这么快的速度取得如此巨大的成就。他认为，上海“公交优先”的城市管理理念值得在全球推广。

与此同时，上海还对建设施工、拆房以及物料运输等扬尘污染的工作进行规范化管理，自2004年在长宁、静安和卢湾三区开展扬尘污染控制的试点之后，2006年在全市的街道、镇、区全面推进扬尘污染控制，目前已创建了728平方千米的“扬尘污染控制区”，有效减少了城区的扬尘污染。

据监测显示，采取这些措施以后，上海的环境空气质量状况明显得到改善，颗粒物和二氧化硫浓度指标出现了显著的下降趋势。2009年，上海环境空气质量优良的天数达334天，比2008年增加6天，优良率达91.5%，首次超过了90%。其中，环境空气质量为优的天数达107天，达到29.3%，也为历年最高。

2009年8月18日，联合国环境规划署发布了《中国2010年上海世博会环境评估报告》，汇总了近年来上海在空气质量、交通、能源、固体废物、水、绿化和保护区、气候碳中和、世博园区、公众参与等9大环保核心领域的工作。报告高度肯定了上海市世博会在环保方面所做出的努力，阿希姆·施泰纳说：“上海在近10年里以主办世博会为动力，在控制污染等环境保护工作上成绩斐然，上海将让我们体验一个充满绿色的未来。”

第二节
“一轴四馆”：绿色环保的表率

虽然从表面看来，上海世博会的主题——“城市，让生活更美好”——更多地强调了城市，但其最终目的是为了解决城市面临的各种问题以及如何平衡城市发展与环境保护之间的关系。在世博园区以及场馆的设计和建设过程中，处处体现了环保的理念。

世博会园区所在的黄浦江两岸，曾经是中国近代民族工业的发源地之一，这里有26处历史建筑。“历史”是否给“今天”让路？答案是：不需要！它可以保留原来的历史风貌，在融入世博的同时，通过高科技改造，成为展现未来的舞台。就这样，世博园区内原有的38万平方米的建筑都被保留下来，也就是说，世博园区内有近五分之一的建筑是“老建筑”。参与设计的工程师李锴说：“在保留发电功能的同时，在发电厂的大烟囱外围，我们打造了一个螺旋式缆车，供游客观光游览，厂房内部规划为能源展示区；钢铁公司的几座巨型车间经过改造后，成为演艺中心和免费展馆。”江南造船厂，将作为中国“最老资格”的近代工业建筑群，亮相世博会。传承历史文脉，演绎未来畅想，用旧建筑表现新事物，成为上海世博会的一大特色。可持续发展是一种节俭的发展，上海世博会从一开始就在践行这一准则。

上海世博会建筑的最大亮点是由世博轴、中国馆、主题馆、世博中心和世博文化中心所组成的“一轴四馆”。作为世博会永久性建筑，“一轴四馆”不仅在保证外观亮丽的同时最大限度地发挥其自身的实用性，也在绿色环保方面做出了表率。

一、世博轴：生态环保的示范走廊

世博轴是世博会的主入口和中央人性立体交通枢纽，连接中国馆、主题馆、世博中心、世博文化中心四大场馆以及周边的轨道交通。世博轴共四层，地上两层，地下两层，总长1 045米，宽130米，占地面积约13万平方米，总建筑面积超过25万平方米，是上海

世博轴阳光谷

世博会最大的单体工程。

世博轴的设计，充分引入了生态、环保和节能的理念，阳光谷、蓄水池、江水源热泵等多项高科技的应用使这个长达一千米的轴状建筑俨然成为一条“生态环保示范走廊”。世博轴的阳光谷能“上采阳光、下蓄雨水”，是当今世界上独一无二的建筑。阳光谷顶上的喇叭状开口有足球场大小，地面面积接近一个篮球场，这种上大下小的设计，能将阳光从空中“采集”到地下，同时把新鲜空气也送达地下，使地下通道能充分享受豁然洒下的阳光和通畅的空气。在世博轴的最底层，还有一个容积为7 000立方米的巨型蓄水池，蓄积下雨时从阳光谷喇叭口流下的雨水，在展会期间预计能提供5万立方米生活用水，相当于规划用水量的一半，这些雨水在晴天时可用于绿化灌溉和冲洗厕所，实现了建筑与自然的和谐一体。

世博轴在靠近黄浦江的一端安装了江水源热泵，每小时有1 200吨黄浦江水通过热泵成为空调冷却水，处理后再排回江中。江水源热泵加上较小比例的地源热泵，不仅满足了世博轴的制冷供暖需求，还能同时保障世博中心、世博文化中心两大永久建筑的空调运作。虽然江水源热泵向黄浦江回排水，将使水温有所上升，但世博轴江水源热泵严格设计，用的是原南市电厂的浦江排热指标，且排热量仅是南市电厂的1/10，不会对浦江生态产生影响。这个系统将使园区的空调运行费用降低20%。

二、中国馆：建筑表达“环境宣言”

中国馆是上海世博会中国的象征，以“东方之冠”为构思主题，设计灵感取自中国古代木结构建筑中的元素——斗拱。“东方之冠，鼎盛中华，天下粮仓，富庶百姓”的16字设计理念体现了中国文化的深厚积淀。中国馆分为国家馆和地区馆，主色调采用了稳重的“故宫红”。“城市发展中的中华智慧”是中国的主题，世博期间，中国馆将系统展示以“和谐”为核心的中华智慧以及宏伟的城市文明图。

作为东道国的国家馆，中国馆的设计理念不仅体现了世博会的主题，而且极度重视环境与能源问题。中国馆旨在以建筑表达“环境宣言”，有一整套完整的环境保护与能源节约策略体系，庄严古典的外部造型下，也不乏先进的环保技术。

首先，在建筑形体的设计层面，设计者力争实现单体建筑自身的节能降耗。国家馆造型层叠出挑，构成了自遮阳体型，减少了降温所需的能耗；四根立柱下面的大厅是四面皆可通风的空间，有效地增加了空气的对流，即使在闷热的夏季也能使游客感受到清新的空气。地区馆外廊为半室外玻璃廊，充分利用自然采光和自然通风等被动式节能技术达到节能降耗的效果。

其次，在建筑材料层面，中国馆充分考虑环境新技术应用的可能性。所有的门窗都采用LOW-E玻璃，能反射热量，降低能耗。地区馆平台上厚达1.5米的覆土层，也可以为展馆节省10%以上的能耗。此外，中国馆制冰技术的应用也将大大降低用电负荷，建筑的节能系统将使能耗比传统模式降低25%以上。另外，中国馆周围大片的红木色地板并不是真正的木质地板，而是一种新型的环保材料——塑木。塑木的主要成分是塑料（包括PP、PE、PVC等热塑性塑料）和天然纤维（如木屑、花生壳、椰子壳、亚麻、秸秆等），按照近似于11∶1的比例制作而成，兼具塑料的耐水防腐和木材的质感两种特性。塑木使用年限是普通木材的3~10倍，更重要的是这种建筑材料的诞生能节省大量的木材，有利于保护生态环境，而且不需要油漆，报废之后可以再次回收利用并且不会产生二次污染。

中国馆还采用了许多太阳能技术。中国馆顶的观景台以及外墙上引进了当今最先进的太阳能薄膜，有望使中国馆实现照明用电的全部自给。在景观设计层面，加入了循环自净的要素。在国家馆的屋顶上，设计了雨水收集系统，可以实现雨水的循环利用，利用天然的雨水进行绿化浇灌、道路冲洗。在地区馆南侧大台阶水景观和南面的园林设计中，引入小规模人工湿地技术，利用人工湿地的自洁能力，在不需要大量用地的前提下，为局部小环境提供生态化的景观。

三、主题馆：上海面貌的建筑经典

上海世博会主题馆占地面积11.5公顷，总建筑面积14.3万平方米，其中地上9.3万平方米，地下5万平方米，展览面积8万平方米，是世博历史上规模最大的主题展馆。主题馆的东侧一层展厅是“城市人馆”；西侧展厅分割为“城市生命馆”和“城市地球馆”。主题馆造型围绕“里弄”、“老虎窗”的构思，运用“折纸”的手法，形成二维平面到三维空间的立体建构。屋顶模仿石库门“老虎窗”正面开、背面斜坡的特点，做到了形神兼备。

主题馆的设计方案既突出反映了上海城市的特征、城市生活的记忆空间和上海令人陶醉的城市意象，还考虑了外墙与屋面的保温与隔热、屋面通风与采光等各项建筑要素。它是代表上海现代化城市面貌的经典建筑，是一座绿色、节能、环保的场馆。

主题馆屋顶上有13 000多块菱形的太阳能电池，每块面积约1.3平方米，组成面积3万多平方米的巨大集热屋顶。这个太阳能屋顶面的年发电总量超过280万度，这相当于四五千户普通家庭一年的用电量，每年可减少二氧化硫排放量2 500吨。它是目前国内最大的单值面积太阳能屋面。

主题馆的菱形太阳能电池

主题馆东西立面设置了垂直的生态绿化墙面，面积达5 000平方米，为目前世界最大的生态墙。夏季，绿化墙面能够对外墙进行隔热和隔辐射，并使外墙表面附近的空气温度降低，减少热传导；而到了冬季，绿化墙既不影响墙面得到太阳辐射热，同时可形成保温层，使风速降低，延长外墙的使用寿命。主题馆的南北广场上，有超过3万平方米的绿化，这些绿化能有效调节局部微气候。

主题馆的生态绿化墙面

借鉴中国古建筑“出檐深远”的特点，主题馆在南北方向设计出大挑檐，出挑的屋面高度达27米，出挑17米。这样一来，南北两边在主题馆出入口处和等待区的游客便可免受夏日阳光的蒸炙，非常的人性化。

为了便于6万平方米的大屋面排水，屋面设计为折线型，将每一个向下弯折的屋面变成坡屋顶，下部安置排水天沟，利导水流，并且还能收集雨水，通过过滤和沉淀处理，变成园内花草树木的灌溉用水。

四、世博中心：充满智慧的绿色建筑

世博中心是世博会的运营指挥中心、庆典会议中心、新闻中心和论坛活动中心，是上海世博会运营管理的主要工作场所。“绿色、节能、环保”是绿色建筑设计的宗旨，世博中心的设计严格按照我国各项节能规范，并参考美国绿色建筑委员会绿色建筑分级系统（LEED，国际绿色权威认证），对能源、水消耗、室内空气质量和可再生材料的使用等多方面进行控制，使之成为一座充满智慧的绿色建筑，真正体现出“城市，让生活更美好”的世博主题。

世博中心建于黄浦江沿岸，外墙设计视线通透，通过合理的设计，大部分功能空间都获得了良好的自然采光，有效降低了室内照明的能耗。建筑外墙设有人性化的遮阳系统，在炎热的夏日，可以阻挡一部分直射的阳光，既减少能耗，又创造了舒适的室内环境。此外，低温送风系统、冰蓄冷系统、江水循环降温技术等设计，大大降低了空调的耗能，保证了室内空气质量，也达到了节能目的。屋面的雨水被收集起来，用于道路冲洗和绿化灌溉，并通过绿地和渗水材料铺装的路面、广场、停车场等进行雨水蓄渗回灌，尽可能充分利用水资源。

世博中心采用全钢结构，施工速度快、能耗小，施工作业对周边的污染也很小。建筑材料全部采用新型环保的节能材料。呼吸式玻璃幕墙系统（又称双层幕墙或热通道幕墙）和低辐射中空玻璃等新一代产品的运用，不仅使世博中心的外形美观时尚，而且在节能减排方面也毫不逊色。

五、世博文化中心：绿色低耗的城市舞台

世博文化中心占地12.6万平方米，拥有一个大型中央舞台，观众席可以根据演出的需要和容量，在4 000座、8 000座、12 000座和18 000座中选择变换。舞台可以根据演出内容进行三维组合，为演出提供巨大舞台演出空间、艺术创意和想象空间，属国内首创。

整个建筑呈现飞碟状，不同角度和不同空间会呈现出不同形态，白天像一个穿越时空的“飞梭”，夜晚，在梦幻迷离的灯光下，世博文化中心犹如一座“浮游都市”。世博文化中心的弧形外观不只是为了凸显这座文化新地标的时尚感，其中也蕴藏着精妙的环保构思。下层圆弧的表面形成自动遮阳体系，在高温季节避免阳光直射，同时为玻璃屋顶的地下空间进行自然采光。在“飞碟”的外围有着养眼的“绿坡”，这是屋顶覆土技术的应用，它不仅使得世博文化中心能完美融入周边的水绿景观，而且能为场馆外延的地下空间进行保温隔热。

在水资源利用方面，世博文化中心利用江水冬暖夏凉的特点，引入身旁的黄浦江水，形成新型高效节能的空调系统。而在场馆顶部设有雨水收集系统，能够实现雨水的循环利用，进行浇灌与道路清洁。场馆表面采用低耗能的环保材料，用LED新型光源代替传统照明，使得整个建筑的耗能比传统模式大大降低，实现了内部功能与外部形式的高度统一。

形如飞碟的世博文化中心

第三节
国外临时展馆的环保设计

世博园区除了“一轴四馆”是永久性建筑以外，各国家馆都是临时性建筑。考虑到世博会之后要拆除且不能对环境造成危害，各场馆主要采用钢结构建筑，不仅便于安装和拆卸，而且还能再回收利用，充分体现可持续发展的理念。除此之外，为体现“绿色世博”概念，场馆内部也是精心打造，各国设计师和建筑师充分发挥想象力和创造力，无形中形成一场比拼高科技和环保技术的“擂台赛”。鉴于篇幅，在此仅选择一些具有代表性的展馆进行阐述。

一、英国馆：让自然走进城市

2009年3月12日，正值中国的植树节，英国在英国馆旁栽下两颗银杏树庆祝英国国家馆破土动工。英国驻沪总领事艾琳在动工仪式上表示，以植树的方式来庆祝展馆开工，很好地体现了2010年上海世博会英国的参展主题——“让自然走进城市”，也与英国馆的核心部分——“种子圣殿”交相呼应。

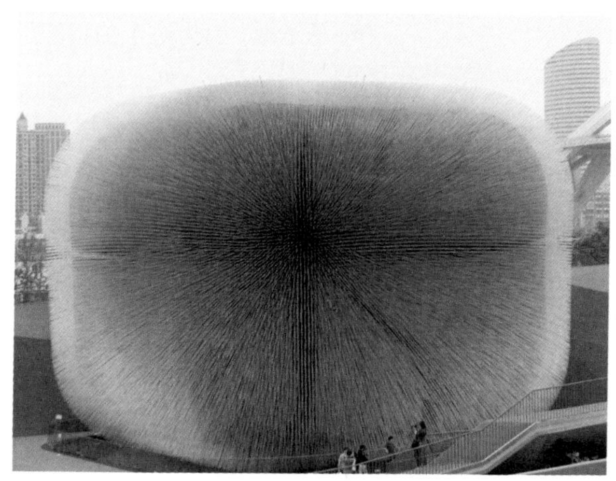
“种子圣殿”英国馆的整体外观

英国馆坐落在黄浦江南岸的景观区上，位于世博园区的C片区。整个建筑最大的亮点是

“种子圣殿”内部各种各样的种子

“种子圣殿”，这是六层楼高的圆角立方体结构，周身插满60 858根长7.5米的透明亚克力杆，这些亚克力杆从内部向外伸展，因其本身的特殊材质，那些向外伸展的部分会随风轻摇，从而使整个建筑像一个会呼吸的生物。白天，当室外阳光充足的情况下，自然光会透过亚克力杆照亮“种子圣殿”的内部；到了晚上，内部的人工光源又能由内而外点亮整个建筑。

“种子圣殿”因为这个独特的设计而惊艳于众，但是设计师却希望参观者把它作为一座“严肃的建筑”，希望参观者能心怀敬畏，思索它所带来的体验。每一根亚克力杆里都含有一颗或几颗由英国皇家植物园和昆明植物研究所合作的“基尤千年种子银行”提供的种子。这些种子品种不一，包括观赏植物、药用植物、粮食作物、水果蔬菜、油料作物等，大部分为人们比较熟悉的植物，或是长得比较有特色的植物。种子的大小也不同，最大的种子有核桃那么大，最小的种子只有绿豆大小。这些植物种子用特殊工艺浇灌进亚克力杆的一端，透过透明的杆子，观众可以在馆内细细欣赏，馆内还会有每一种种子的介绍资料，方便观众详细了解这些不同的种子。

这些种子，象征着英国对世博会主题“城市，让生活更美好”的诠释，独特地展示了英国在全球自然资源保护上所起的领先作用，同时也向公众展示了生物多样性在人类生活的各个领域，如新药研发、新材料开发、建筑技术、通讯系统和可持续能源等方面所能给我们带来的创意和其中蕴含的巨大潜力。通过种子来发掘和利用大自然的力量，我们能更好地保护人类的未来和我们生活的环境，这也正是英国馆“让自然走进城市”所要表达的理念。

二、日本馆：心之和，技之和

上海世博会日本国家馆的主题是“心之和、技之和”，位于世博园区A片区，占地面积达6 000平方米，是日本参展世博会史上规模空前的展馆。

日本馆的设计理念是“像生命体一样会呼吸的环保建筑”，融合了日本的“洒水”、“庇荫”等传统特色和现代风格。日本馆的“凹槽”和“触角”犹如生物体的“嘴、耳朵、鼻孔”和“手指”，极富个性的外观宛如拥有生命的生命体；半圆形的大穹顶呈淡紫色，远远望去，犹如一个巨大的紫蚕宝宝趴在黄浦江边，因此命名为“紫蚕岛”。展馆外观的基调色为红藤色，由象征太阳的红色与象征水的蓝色交融而成，可以说这是自然的颜色。

以前几届世博会日本馆都是堪称环保建筑的楷模，上海世博会也不例外，“紫蚕岛”从结构设计、环保材料和技术的使用等多个方面突出了“重视环境”的理念。通过使用钢骨架与膜外壳结合的方式，使建筑总重减少了约40%，这样也减少了地基等基础工程的施工量以及施工过程中车辆的使用。“紫蚕岛”还采用无桩地基设计，以方便世博会结束后的拆除工作。

“紫蚕岛”日本馆局部图

“紫蚕岛”内部地板下及其他各部位都设置了垂直的循环呼吸柱，这项技术也是世界范围内的首次尝试。循环呼吸柱是与建筑内部结构融为一体的环境循环系统，可以收集阳光、汇集雨水，用作屋顶喷洒，并保持空气自然流通，从而降低环境的负荷。“紫蚕岛”外壳南面约三分之一面积上都使用了可以产生电能的非晶硅薄膜，内含太阳能电池，具有高效透光和发电的功能。在展馆内的参观者等候区域，通过人工喷雾的方式，利用喷雾由液体变为气体时会吸收周围热量的原理来降低四周温度，制造清凉的环境。

日本馆分为“过去”、“现在”和“未来”三个主展区。这种以时间的推移为轴线的结构，使整个展示内容流畅自然。

代表“过去”的展区以“联接的惊喜”为主题，讲述古时中日两国信息文化交流所结出的令人称奇的硕果。以遣唐使为开端，中日两国展开了各种各样的文化、技术交流，由中国传入日本的文化，在日本衍生出新的文化，逐渐演变成为日本独特的文化。通过“西阵织”（西阵为日本地名，古代是织工的聚集地之一，此地出产的织品以华丽高贵闻名，被称为“西阵织”）、中国传统建筑等的展示，参观者可以看到中国技术在日本的传承，同时也可以看到这些技术在得到艺术升华之后所形成的新工艺。这就是“联接”所带给人们的“惊喜”。

代表“现在”的展区以“从知识的联接到心灵的联接”为主题，讲述为解决环境等人类共同面临的问题，“知识的联接”与“心灵的联接”是必不可少的。针对水资源污染和水资源短缺问题，日本馆将展示可以将下水道污水净化为饮用水的技术和海水淡化技术。为克服全球变暖问题，日本馆将向观众介绍实现“零排放城市”所需要的大约20项环境技术，包括在踩踏和其他外力作用下能够发电的地板、利用氢气和氧气提供家庭用电和温水的家用燃料电池等等。另外“现在”展区还将展示诸如屋顶绿化、节约用水等个人便能付诸实施的成果，让参观者在体验“技之和”的同时，亦能由此察觉到里面所蕴含的与心灵的联接。

代表“未来”的展区则以“心灵的联接与未来的和美”为主题，通过音乐剧的形式描绘人类实现和美未来的梦想，通过对地球、人类和儿童的关爱，以及个人细小的努力，来实现美好的未来。在以山村为背景的舞台上，人们体验着未来的各项技术，这些技术将人们各自的活动和心灵联接起来，个人细小的努力将开拓出未来无限的可能。

三、瑞典馆：城市与自然相加

瑞典国家馆位于世博园C片区，是第一个破土动工的北欧国家馆，占地面积为3 000平方米。在奠基仪式上，瑞典馆别出心裁地用一场“挖掘机演出”代替了传统的奠基仪式，两台瑞典沃尔沃公司的挖掘机成了整个奠基仪式上的主角。瑞典外交部副外长古纳·韦斯特兰德按照瑞典传统，在国家馆纪念盒中放入数件代表中瑞上百年友谊的物品。其中包括18世纪中瑞贸易航船上留下的陶瓷碎片，19世纪制造的爱立信电话机听筒和1950年中瑞政府签订建交的正本传真件等。纪念盒中还放置了一个象征“可持续发展”的螺栓螺母，瑞典方面希望瑞典馆不仅在世博会后便于拆卸，更能在其他地方移植再造，实现环保节能。

瑞典馆整个展馆的建筑式样采用传统的城市建筑，由四个相互链接的建筑物组成。从空中俯瞰，四座方形展馆之间的空隙形成一个巨大的“加号”。这是设计瑞典馆的一个创意来源——外侧白色的墙体代表城市，内侧绿色的墙体代表自然，游客可以在这个十字通道内穿梭，“加号”表示城市与自然的相“加”，象征着连接城市与乡村自然间的和谐互动。

四座建筑的外立面由穿孔的钢板组成，每一块的大小、形状各不相同，每块之间有一定的间距，远远望去，仿佛一张瑞典首都斯德哥尔摩的城市地图。这些钢板上还有一层很薄的涂料，可以反射阳光，降低馆内的温度，从而降低馆内制冷的能耗。瑞典国土有57%被森林覆盖，首都斯德哥尔摩就被包围在森林中，摄影家拍下松树林、白桦林中的景色，以

瑞典馆白天效果图

图片或投影的形式呈现在方形展馆之间的8面墙体上，呈现出一片盎然的绿意。

“可持续发展”、“创新”以及“交流”是瑞典馆的三个主题词，全方面地展示了瑞典面对挑战时采取的解决方案，展现瑞典提高城市环境水平的措施和能力，以及在新技术环境下，加强交流的重要性等方面内容。在瑞典展馆中，每位参观者都可以兴趣盎然地体验到瑞典的文化、社会精神、工程技术、传统、对自然的热爱，以及最重要的创新精神，并且用自己的方式诠释“城市，让生活更美好”的主题。

四、挪威馆：“挪威的森林”浓缩“大自然的赋予”

看到上海世博会挪威馆的第一眼，会让人联想到“挪威的森林”这个词。挪威馆的外形由15棵“大树”构成，设计灵感来自一座挪威的森林，一个群落生境。这15棵“大树”是以挪威寒带松树最坚固耐用的中部树干制成，外面覆以索膜结构，这些树高低不一，从5米到15米不等，每棵树均由固定在地下的树根和空中的四条树枝构成，外形都犹如中国的汉字“木”。以树枝的外端为附着点所支起的篷布，形成了外观高低起伏的

挪威馆的大树

展馆屋面。挪威展馆的屋面为悬挑式，形似大洋破浪起伏，又如海岸徐徐延绵，亦像山峦逶迤前行。这样的结构在展馆内部营造出错落有致的空间，给观众带来全新的感受。置身在展馆中，观众在感受城市脉搏和城市人开创进取精神的同时，体验与挪威自然的和谐交融。

挪威馆以“挪威·大自然的赋予”为主题，浓缩了海岸、森林、峡湾、北极等自然景色，讲述自然与发展的故事。“海岸”区域向观众展示挪威怎样通过利用太阳能、风能和潮汐能等可再生能源，减少碳的排放和改善城市地区的气候；“森林”区域中有一棵“知识树”，它的内涵是怎样通过挪中两国之间的知识互补和共享，来寻求新的可持续发展道路。这一区域还展示了城市规划、木材利用、树木砍伐和种植等方面的讯息；“峡湾”区域探索人与水之间的命脉关系，如污染怎样影响水质，我们须采取什么措施才能减缓污染、获得清洁的水等；挪威在应对气候变化挑战方面所取得的科研成果在“北极”区域展示。

虽然挪威馆在整体上是木结构建筑，但在自然通风、自然采光以及运用风能、太阳能方面并不逊色。而且木质建筑易于拆卸、搬运与异地重建。上海世博会结束之后，这15棵“大树”将被分别或者分组转送到中国各地放置，它们将成为挪威参展2010年上海世博会的永久纪念和对可持续发展的生动诠释。

五、芬兰馆：优裕、才智与环境

芬兰国家馆位于世博园C片区，共3 000平方米。它的外形如同一个“冰壶”漂浮在水面上，创造了一个海中小岛的意象。“冰壶”的形状非常奇特，是一个非对称的建筑，表面为白色。展馆的设计灵感来源于设计师郭泰睦（Teemu Kurkela）的一段旅行经历，他将他在旅途中所感受到的来自芬兰的自然风貌，诸如海岛礁石、碧波倒影、天空剪影，还有芬兰原始森林的树木散发出的独特清香等种种元素经过重新诠释，以新的面貌呈现在大家眼前。冰壶由六根象征自由、创造、革新、交流、健康、自然的柱子支持，构造了一个结构合理的内部空间，这六根柱子同时也支撑起了芬兰人民对“美好生活”这一概念的独特理解。

冰壶不仅外形独特，在生态效率、低排放和环保方面皆堪称楷模。房间设施的方位、浅色表面的使用以及窗户的结构，在很大程度上减少了日照所引发的热强度；更多地运用自然通风则降低了对机械通风的需求；另外还有雨水收集系统，经过处理的雨水可以在展馆内循环使用；屋顶上的太阳能电池板能够在酷暑时节为制冷设备供电，植物则可以用来

形如冰壶的芬兰馆

均衡热负荷。所有建筑材料均在环保和可回收的原则上经过精挑细选，其建筑材料除了钢、木、石、玻璃和织物以外，还有UPM ProFi木塑复合材料。ProFi木塑复合材料由不干胶标签边角料通过成熟的注塑工艺加工而成，外观看起来像大理石，重量却轻很多，既解决现存的垃圾问题，同时又为市场提供了符合可持续发展要求的新产品。

冰壶是按照永久性建筑的标准来设计的。世博会后，冰壶将被出售，并作后续利用。在设计方面，冰壶的使用寿命可以通过灵活的优质方案得以延长。它将先被拆卸，然后在新的地方进行重组。冰壶基本结构的所有钢框架均由螺栓连接，因此可以被轻松拆卸。如果有需要的话，甚至还可以再加楼层。高技术和创新理念使得冰壶拥有很长的使用寿命。

芬兰人注重良好的居住环境的观点和上海世博会的主题“城市，让生活更美好”非常吻合。漫步冰壶之中的人们，可以暂时脱离都市生活的喧嚣和疲惫，任凭各种天马行空的思想和观点在这里碰撞、交流和融合。芬兰馆营造了一种“美好生活”的愿景，自由、创造、革新、交流、健康和自然，这些美好元素的完美融合，也为人们提供了一个探讨未来美好生活的平台。

六、意大利馆：理想之城，人之城

意大利国家馆位于世博园C片区，展馆面积3 600平方米。意大利馆设计方案的灵感来源于上海小朋友玩的游戏棒，整个展馆被切割成了不规则的20块，代表了意大利20个大区，体现了不同地区、不同文化的和谐共处。散布在展馆各处的水和自然光，共同营造出一个舒适温馨的环境。

“人之城”不仅在整体外观上新颖独特，建筑材料的选择也走在了时代的前端，采用了最新发明的多样化材料——透明混凝土。这种透明混凝土由玻璃纤维、粉碎的石头、水泥和水经过一系列复杂过程混合加工而成，是由匈牙利建筑师洛松齐（Áron Losonczi）在2001年研制出来的。使用这种透明材料可以消除普通墙体的厚重感，使建筑给人以明快通透的感觉。整个意大利展馆的外墙共使用了12 000多片透明混凝土和4 000多块玻璃，加上意大利展馆三面环水，远远看去，整个展馆如同矗立在水幕中的海市蜃楼般如梦如幻。白天可以让自然光照射到馆

意大利馆

内，晚上则可以让馆内的灯光穿越到馆外的街道上。这种透明混凝土材料还可以随时感知建筑内外部的温度、湿度等，并能吸收太阳辐射，阻挡一半的热量进入建筑，因此大幅度节能降耗；而当意大利馆的室内温度偏高而室外天气状况良好时，建筑管理系统会自动打开48扇开启窗降温，这样就可以少用甚至不用空调了。展馆内部类似“刀锋”的设计，除了能制造出幻化的光影效果外，还能向展馆内输送自然风。另外，意大利馆内还采用全新抗菌瓷砖地面，结合一种被称为“光催化过程”的技术，可以把空气污染度降低到70%。

威尼斯是中国民众最为熟悉的意大利城市之一，但近年来全球变暖导致威尼斯的水平面正在不断上升，这座城市的水灾变得越来越频繁，如今威尼斯差不多每个星期都要被淹一次。频繁发生的水灾使威尼斯人已经很难过上正常的生活，越来越多的人逃离了这座城市，人口从1966年的12.7万，减少到了现在的6.5万，举世闻名的水城威尼斯受到了严重的威胁。20世纪80年代，意大利科学家提出了在威尼斯的泻湖与亚得里亚海相连的3个河道入海口处建造活动闸门的计划。闸门由巨型挡板组成，挡板的一端固定在海床上，另一端是活动的。平时，这些挡板隐藏在海面之下，但是当亚得里亚海水位超过1.1米时，这些挡板将通过空气装置竖立起来，阻断亚得里亚海与威尼斯之间的水流通。2003年，意大利政府决定耗资35亿欧元兴建活动闸门，这就是代号为“MOSE”（摩西）的“拯救威尼斯”的工程。此次世博会，意大利馆的第三区域将会对“摩西工程”的技术和理念进行展示，讲述意大利将如何通过潮汐、太阳能汽车和动力摩托车来拯救威尼斯，应对全球变暖。

七、新加坡馆：城市交响曲

新加坡国家馆位于上海世博园B片区，占地面积3 000平方米。新加坡馆景观设计的两大元素是水与花园，这也是新加坡市最具特色的两大环境要素。新加坡馆的主题为“城市交响曲”，灵感源自于新加坡各种特色元素的相互融合与平衡：城市发展与可持续性、城市化与环境绿化、传统与现代，以及多元民族的交融。而展馆的设计也充分体现了这些元素，场馆的外形如同一座即将开启的音乐盒，整体结构由四根形状各异的支柱撑起，立柱沿着平滑的曲线从楼顶悬挂下来，贯穿上下，相互映衬，张力之间形成一种平衡，象征着在新加坡共同生活、工作和玩乐的多元种族。

新加坡馆的第一层呈全开放式结构，游客站在馆外，就可以将馆内进行的各种展览和活动一览无遗。移步向上，展馆二层有三个大小各异的圆形剧场，播放新加坡知名艺人们的表演视频，从而表现新加坡的创造能力和多元文化。而到达展馆顶层，游客将看到一座

“音乐盒”新加坡馆

被命名为“花园回旋曲”的空中花园，这个花园中栽种了各种热带植物，并能通过绿色植被降低展馆的温度，同时能促进空气流通。

节能环保是贯穿此次世博会的一个核心理念。新加坡馆的设计充分展示了新加坡在这一方面的特长。建筑采用管桩为地基，仅一楼的柱子以混凝土为材料，从而有效地降低了建设过程中的碳排放。整个展馆呈内部开放式结构，外墙有开缝设计，围绕一楼的中央区设有冷水池，这些设计为展馆提供了天然的温度和空气调节系统，可有效降低馆内的温度，提高空气质量，避免大量使用空调引起的能源消耗和碳排放。此外，包括展馆的钢铁结构和立面墙的铝板材料等都可拆除回收，方便世博会之后的重复利用或异地重建。

八、西班牙馆：复古而创新的“藤条篮子”

西班牙国家馆位于世博园C片区，共8 500平方米。西班牙馆采用西班牙传统的藤编工艺，“编出”一座形似“藤条篮子”的建筑。这种结构颠覆了传统建筑意义上的四方盒子，通过篮子的形状探求更大的空间。

流线型的外观好像地中海起伏的波浪，充满动感，又像城市一样，在不断地运动、变化。

“编织”西班牙馆流线型的外墙，用掉了8 524块藤条板。这些藤条板平铺开来足足有12 000平方米，全部由山东省的藤条手工艺人编制，每一块藤条板都有编号，以便于精确地在西班牙馆硕大的外墙上定位；同时，每一块藤条板都经过精心设计，与由钢管和透光玻璃构成的骨架完美结合。由于在制作过程中加水煮沸的时间不同，藤条板产生了深浅交替的自然色差，经过精心设计和巧妙排列，展馆的外墙上会形成一些代表自然元素的汉字，如“日”、“月”等，给人无穷想象。另外，藤条板是由一个个钢扣件扣在外墙的钢架结构上的，这也为将来拆卸提供了很大的方便。

从内部看，西班牙场馆也是一座地地道道的绿色建筑。考虑到节能，展馆内部主要使用了竹子和半透明纸作为材料，顶部则使用太阳能板。透光性是整个设计的一个大特点，自然光能透过钢管和藤条射进室内，有效地减少了人工光源的使用。

西班牙馆的展出分五个部分，分别与水有关，这也是2008年萨拉戈萨世博会的延续：关注水问题和可持续发展。值得一提的是“地球上的水”这一区域，这是一个小型的科技馆兼天文馆。这里有一个表面布满

“藤条篮子”西班牙馆

液晶温度表的地球仪，它不仅显示了地球各个区域的平均温度，而且触摸地球仪的对应位置就能感受到不同的温度，从南极的严寒到赤道的酷热都能亲身体验；馆内还有一个模型，能够因冰山融化导致海平面上升而淹没沿海城市的过程；马桶的水箱被一个具有相同容量的纯净水瓶所取代，人们可以清楚地了解到一次冲厕将耗费多少水。通过这样的演示，参观者无论老幼，都能明白其背后的科学道理，也会学习在生活的小细节中怎么做到节水节能。

自然环保材料的运用与环境保护知识的介绍既体现了可持续发展，又充分展现其"通过科学和技术创新来重塑城市社区"的主题，从另一个全新的角度，表达了热情奔放的西班牙人民"享受城市，享受生活"的历史传统，这是对2010年上海世博会"城市，让生活更美好"主题的很好诠释。

九、加拿大馆：充满生机的宜居城市

加拿大馆位于世博园区的C片区，占地面积6 000平方米。加拿大馆的建筑造型如一个环形带状的大写字母"C"，很多人以为它是加拿大（Canada）的英文缩写，实际上这个半包围的外形有着更深层的含义。仔细观察会发现，"C"的两端就像人的两条手臂，中间是一个广场，两个手

加拿大馆覆盖绿色植物的外墙

臂拥抱广场，体现城市的核心是交流的环境。

加拿大是世界上领土面积第二大的国家，拥有美丽的自然风光和丰富的自然资源，但是加拿大人对“可持续发展”依然非常重视，这种重视也体现在上海世博会加拿大国家馆的建设上。加拿大馆处处都体现了可回收利用的技术，处处彰显“城市，让生活更美好”的立意。展馆外部的墙体上覆盖着一种特殊的温室绿叶植物，能够在炎炎夏日有效降低墙面的热量吸收；雨水将使用排水系统进行回收并重新利用；展馆内没有大型的展品或物件，以确保展示区域内的空气流通；同时展馆内还将营造一个无障碍和无烟的环境。

加拿大馆的参展主题是“充满生机的宜居城市：包容性、可持续发展与创造性”，将反映加拿大的历史，展示艺术、文化和民主价值观，这个主题也与世博会“城市，让生活更美好”的主题相呼应。

十、瑞士馆：未来世界的轮廓

瑞士国家馆位于世博园区的C片区，占地面积4 000平方米。整个瑞士国家馆的设计理念也出自中国传统文化——以阴阳理念引申出的平衡概念为基础，瑞士馆的主体结构由两个起到承重作用的大小圆柱和一片绿草如茵的屋顶组成，并以观光缆车系统相连接，充分体现了瑞士所特有的城市和乡村相互依存、互惠共生的关系，人类、自然与科技在此达到了完美的平衡。

瑞士馆的红色帷幕主要由大豆纤维制成，从20米的高处悬垂下来，上面不规则地分布着11 000块由敏化太阳能电池板制成的发光元件，每个发光元件都以瑞士地图为轮廓。参观者可以从帷幕的任何一处进入馆内一层的城市区。帷幕的每一部分都能独立产生和储存能量，并以LED（发光二极管，是一种固态的半导体器件，它可以直接把电转化为光）灯的形式将其利用。帷幕可以与展馆周围的能量，如太阳能，以及观众照相机闪光灯产生的光能发生反应，从而发出闪光。这种新颖独特的构思意在表现瑞士馆内外的“环境影响”。此外，这些电池可以储存能量，它们之间能互为光源，使得整个展馆帷幕在夜间也能闪闪发光。观众可以去瑞士馆用照相机闪光灯和外墙“互动”。世博会结束后，这些敏化太阳能电池将作为创新小装置及纪念品出售。帷幕外墙能够天然降解，不会造成环境污染。

瑞士馆最特别的要数缆车观景了。设计者们设计了一个像漏斗一样的草坪，索道沿着这个漏斗草坪从底层的城市空间往上走，然后到达顶层的绿荫地。通过“漏斗”，城市和乡村镶嵌在了一起。乘坐缆车参观游览这种动静结合的形式，能让人感受到城乡之间

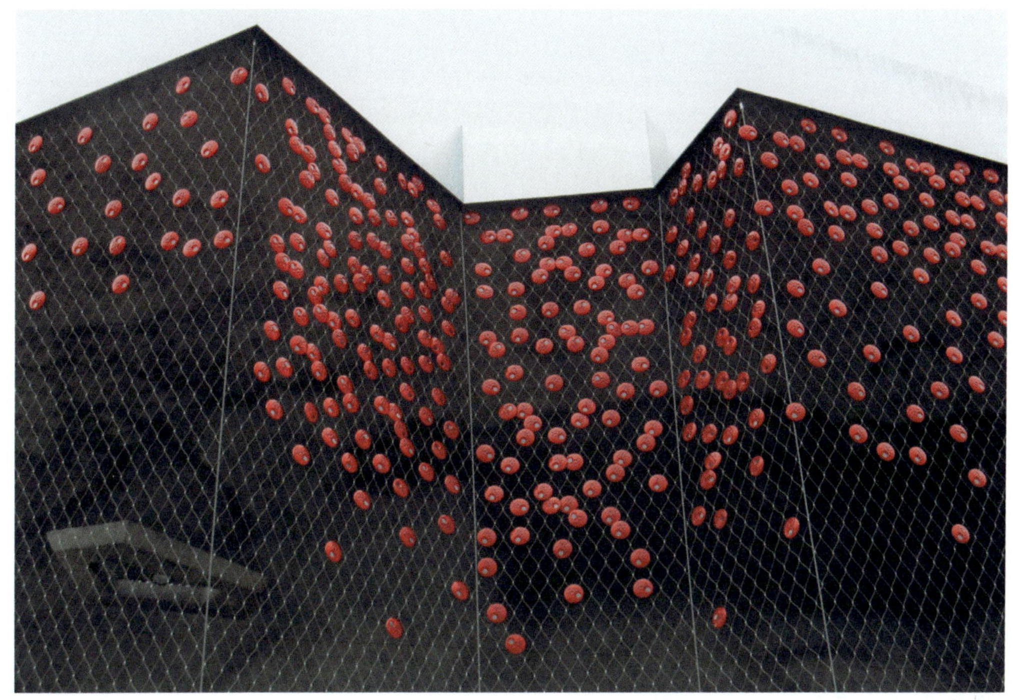

瑞士馆的红色帷幕

的互动，参观者不仅可以在底层的城市空间领略瑞士的城市文明，还将在瑞士馆顶欣赏到典型的瑞士乡村风光——海蒂故乡的绿色欧蓍草和蒲公英。而且屋顶的草坪面积和底层的城市空间面积是一样大的，这代表着城市和乡村同等重要。

科技的眼光加上美好的梦想——具有未来世界轮廓的瑞士馆极大地体现了现代瑞士的特质：追求卓越、不断创新和高品质的生活，同时也展示了瑞士面向未来、极具前瞻性和可持续的发展理念。

十一、以色列馆：创新让生活更美好

以色列国家馆位于世博园A片区，占地面积1 200平方米。以色列馆由两座流线型建筑体组成，像一只海中的贝壳，又像一幅具象的太极阴阳图，设计师哈伊姆认为以色列馆蕴含了老子的阴阳哲学，紧密相依的建筑体暗喻了人与人、人与地球、国家与国家间的关系，也融会贯通了人和自然、过去和未来、此时和永恒、大地与蓝天、虚无和实体间的差异。

“海贝壳”以色列馆

以色列国家馆主要由可循环使用的钢管、螺栓、PVC玻璃以及天然原石建造而成。石头是内敛的、包容的、厚重的，代表着历史；而玻璃则是透明的、开放的、轻巧的，代表着崭新的以色列。这两种截然不同并且相互冲突的材质纠结在一起，又是一种对话和融合。

以色列馆的主题是“创新让生活更美好”，这一点也在各个展区充分体现了出来。低语花园、光之厅、创新厅等三个体验区，让参观者亲身体验现代技术带来的视听享受。低语花园是供参观者等候的区域，这里种植有54棵芦柑树，并展示了以色列著名的“滴灌技术”和特色农业；道路两旁有繁茂的树木覆盖，游客可以在长凳上休息，免受日晒雨淋，非常人性化。在光之厅里，游客可以在以色列馆外相邻的高架步道上观看弧形墙壁上的视频展示，领略犹太民族充满魅力的发展历史。整个展馆的高潮所在是创新厅，游客在这里可以享受到10分钟左右的360度多媒体展示，精彩的视听盛宴以漂浮在空中的球状三维播放器为载体，主要展示以色列在科学、文学、音乐等各个领域的科技创新及重要成果，让参观者与未来进行一场思想的碰撞。

十二、印度馆：城市与和谐

印度馆位于世博园A片区，建筑面积4 000平方米。不论是展馆的圆拱形大门，还是半径达18米的中央穹顶，设计灵感全部源自印度最古老、最气势恢宏的建筑。

印度馆的外部造型很像泰姬陵，以深红色和浅棕色为主色调。印度馆的穹顶骨架全部采用了盘口粗的竹子累加编制而成，这些竹子在世博会结束后可以回收再利用。展馆内部采用最先进的制冷与照明系统，实现低能耗、高效率。在穹顶上有一架小型风车，屋顶上装有太阳能电池，

竹制的印度馆

它们为印度馆提供绿色的清洁能源。中央穹顶外覆各种草本植物，配以铜质生命之树，楠竹网格与钢筋混凝土的使用织就了一个吸音天花板。雨水收集系统，能将收集的水用于绿化灌溉。零化学物质的场馆设计，做到安全排放无污染。

印度是目前世界上人口增长和环境恶化最快的国家之一，印度馆也将围绕“城市与和谐”的主题，展示城市生活的演变，以及如何应对不断增大的人口压力和不断严重的环境问题。此外，近年来发展迅速的印度科技产业，如创意设计、科学技术以及最新技术也是展示重点，包括信息技术、卫星通信技术、生物科学技术等领域的多家印度前沿公司也都在世博会上得到充分的展示。

第四节

城市最佳实践区：城市可持续发展的实验室

世博会是一个凝聚全球智慧、体现人类创造力的盛会，每届世博会都会有一些内容在世博会历史上留下浓墨重彩的一笔，"城市最佳实践区"以其开创性、前瞻性和实践性，被公认为是上海世博会上最具创新性的亮点之一。世博会的参展方一般为国家政府、企业以及各种国际组织，城市并没有独立参展的资格，而上海世博会为了更直接、更有效地阐释以"城市"为中心的主题，第一次给城市提供了"城市最佳实践区"这样一个前无古人的机会。

城市最佳实践区共有70个展示案例，是按照"在自身领域里领先、具有创新意义且有推广价值"的原则在来自全球的参展案例中挑选出来的。这些参展的城市向参观者展示了在可持续发展的原则下，对生态城市、宜居城市的生活方式和发展模式的成功实践，为可持续发展所做的种种努力，以及这些城市是如何实现"城市，让生活更美好"的。

"汉堡之家"是如何实现建筑能源供应的自给自足和零废气排放的？英国的"零碳馆"真的不产生碳排放吗？上海未来的生态住宅会是怎样的呢？在城市最佳实践区里都将找到答案。

一、汉堡之家：主动节能的被动房屋

汉堡之家既是城市最佳实践区的展品，也是汉堡市在世博会期间的展馆。汉堡之家旨在展示宜居、环保和绿色的汉堡如何解决现代生活中的各种挑战。汉堡之家提供了一种新的生活模式，就是把工作与生活结合在一起，这种弹性的工作制可以减少因通勤而造成的交通污染排放和交通量，为生态环境减少负担。

汉堡之家是一幢被动房屋，"被动房屋"是生态建筑的别称，是指基本无需主动提供能量的生态建筑，也称为低耗能建筑。被动房屋主要通过气体置换，达到良好的隔热目

德国的被动房屋

的，从而基本不需要使用传统的暖气或空调。建筑上的太阳能设备，能提供一部分建筑所需的电能。在德国，所有的被动房屋都是太阳能建筑。通过吸收太阳能，不仅可以解决自身的用电、供暖和热水问题，甚至还可将多余的电量卖给电厂，从而节省住房的运营成本。这种不污染环境的居住和生活方式，日益受到发达国家民众的喜爱和欢迎。

汉堡之家的建筑面积有3 150平方米，使用面积为2 300平方米，分为四层，整个工程造价为420万欧元，经费由汉堡市政府和世界博览局各承担一半。整座建筑运营时消耗的能源比传统建筑减少90%，而屋顶上450平方米的光伏发电设备能满足大约80%的用电需求。除了利用太阳能，汉堡之家还利用地热，在地下35米处，有一套热泵装置与地下管网连接，先是采集地热，然后依靠安插在楼板里的管道系统，向屋内提供采暖和制冷所需的能量。

汉堡之家的外形看起来像个抽屉，其外形设计打破了传统的坐北朝南格局，改为坐南朝北。采用这种设计的优势在于可以避免夏天阳光直接照进房屋，有利于保持室内温度适宜。南墙开了一些小窗户，粗略一看，这些小窗户大小不一，建造的位置也没什么规律，实际上，这些窗户的位置、大小和角度都很有讲究，它们经过了设计师的精密计算，并且如向日葵一样可以随着阳光的变化转换角度，保证能以最好的角度采光但是又不会将过多的热量吸收进来。门窗的玻璃是特制的三层玻璃，而且玻璃与玻璃框架之间采用绝缘体材料，保温和气密性好，如此设计降低了冬季和夏季的采暖、制冷能耗。建筑用砖也属于新型建材，外墙是加厚的，厚达90~100公分，其防水、隔热以及保暖性能都非常良好。虽然建筑的北面是通体的大玻璃，易于采光，但由于缝隙之间使用的全部是可靠的绝缘体材料，整幢建筑俨如一座“不透风”的堡垒。

虽然建筑的外墙是绝缘的、密封的，但空气还是可以自由流通的。西门子公司在汉堡之家内安装了一套智能的通风系统，这套通风系统能将室外的新鲜空气引入室内，将污浊的空气排出；将室外的冷气或热气挡在墙外，使室内温度不会剧烈变化。最神奇的是，这套智能通风系统还

上海世博会的“汉堡之家”

具有强大的回收功能，它能够吸收空气中无形的能量，如阳光的能量，即使人体和室内电器产生的余热也能够照单全收。据统计，这套系统对热量的回收率至少可达90%，对冷量的回收率最低也有80%。如此这般，可以让室内的气温常年保持在25℃左右，这样，不需要空调和暖气也可使在室内生活和工作的人有一种四季如春的感觉，同时又达到了节能减排的目的。

传统的被动建筑一般比普通建筑或住宅节省30%的能耗，汉堡之家却可以减少90%的能耗。由于这是一种新型的节能建筑，是各种最新技术产品的集大成者，相对建造成本较高，即使是在发明这种技术的德国，这样的建筑也谈不上普及。目前，汉堡有32栋这种节能建筑，其中包括别墅15栋，低层住宅5栋，多层或高层建筑12栋，总共可住500户人家，整个德国有8 000套住宅属于这种被动房屋。为适应当代城市的发展，达到大幅减排的目的，德国已着手对传统房屋进行大规模改造。

目前全球有一半人口生活在城市，到2020年，这一比例将上升到2/3。如果世界新增的住房（包括厂房）都采用这种节能建筑，不仅二氧化碳排放将大大减少，而且建筑成本也将大幅度下降。着眼于未来，这类建筑应被大规模开发建设，真正实现“城市，让生活更美好”。

二、“零碳馆”：天下无碳

你是否想象过，有一天自己会过上这样的生活：只依赖头顶的太阳、屋檐上淌下的雨水、剩饭剩菜“过活”？如果你觉得这是人类文明的倒退，那你就错了！这是一种高质量且环境友好型的后现代生活，这就是人类未来可持续发展的理想路径——“零碳生活”。在上海世博会的城市最佳实践区内，英国伦敦“零碳馆”案例将让参观者领略它的魅力。

伦敦“零碳馆”的原型来自位于2002年在伦敦南部建成的“贝丁顿零能耗”小区，这个小区又被称为“未来之家”，整个小区只使用可再生资源，很少向大气释放二氧化碳，是一个“零碳”项目。作为一个环保低耗的样本，“贝丁顿零能耗”被搬到了上海世博会的城市最佳实践区中。

“零碳馆”由两栋前后相连的四层楼建筑组成。两栋建筑外观一模一样，每栋房子的屋顶，各安装着11个五颜六色的风帽，这些风帽能跟随风向灵活转动，利用温压和气压实现室内空气和室外空气的交换；房子朝南的墙壁采用镂空设计，装上玻璃之后，方便阳光进入，冬季能为室内提供热量，夏季可以防止阳光过分照射，营造室内舒适的环境；而房子的北面墙壁则被设计为斜坡状，坡顶设置可开启的太阳能光电板和热电板，另外还将种

位于英国伦敦南部的贝丁顿（BedZED）零碳社区

上一种名叫“景天”的半肉质植物。“景天”不仅有助于防止冬天室内的热量散失，而且5月开花的季节还能使“零碳馆”从周边各展馆中“脱颖而出”。

除了外形独特之外，“零碳馆”还有一些“看不见的秘密”。在“零碳馆”的地下埋着一根细小狭长的管道，一直通向800米远的黄浦江。在世博会期间，源源不断的黄浦江水将通过馆内的水源热泵装置，为游客送来徐徐凉风；在两栋房子中间的地面上，有一个个一角硬币大小的小洞，这是一套先进的雨水收集和回收系统，据初步统计，“零碳馆”收集的雨水和中水量将大于建筑消耗的水资源量。另外，“零碳馆”所需的电能和热能，由墙体表面附着的特殊荧光涂料和“生物能热电联产系统”产生。通过荧光材料，建筑白天储存的太阳能量将在夜间释放荧光，降低照明能耗，减少碳排放；“生物能热电联产系统”将餐厅内各种有机废弃物、一次性餐具等降解而获得电能，这些垃圾降解之后还能作为有机肥，真正实现“从摇篮到摇篮”的可持续发展。

“零碳馆”屋顶上的风帽

“零碳馆”的每个展示空间都将在装饰、家居和技术上，充分体现节能环保的理念。在公共展示空间里，一座用太阳能运作的电影院将播放有关影片，展示地球的气候变化、生态足迹。另外，在世博会展览期间，“零碳馆”内将举行一系列时尚秀活动，伦敦和上海的顶尖时尚设计师将合作设计一批低碳、低能耗、低污染的服装，这些服装将采用碳纤维等各种新材料制造。模特将穿着这些“绿色”服装，在“零碳馆”的天桥上走秀。

世博会结束后，“零碳馆”将被永远保留下来，并将被打造成中国首座零碳博物馆。

三、沪上生态家：未来的生态住宅

沪上生态家是上海市唯一入选城市最佳实践区的案例。沪上生态家的原型在闵行上海建筑科学研究院内，是一栋四层楼高的生态示范办公楼。因其在节能低碳方面的创造性而在所有竞争项目中脱颖而出。它是展示和体验未来生态住宅的重要场所，位于上海世博会园区浦西片区城市最佳实践区北部区块内，该处选址利用旧厂房空地，建筑以南北条状设置，迎合上海夏季季风方向，有利于冬季日照和夏季通风，建筑总高18米，其中地上4层、地下1层，主要用来展示未来高技术生态住宅，也是设计者对未来生活的一种畅想。

从外表看，沪上生态家其貌不扬，但是仔细观察，就不难发现这幢建筑的奇妙之处。沪上生态屋的内部有一个根据流体力学设计的"生态核"，这个"生态核"将对四面八方的风进行"优化组合"，并通过植物过滤净化系统。而多路横向贯穿风道的设计，增强了穿堂风的通风效果，使得室内空气四季均可保持畅通清新。借鉴上海传统民居的自然采光手法，如天井、老虎墙等，结合智能化信息集成管理系统，能控制屋顶的"追光百叶"，使之能跟随太阳角度的变化而自动转变角度，既能起到遮阳作用，还能反射环境光，提高室内照明度；在室内光线达不到照明标准时，窗帘百叶会自动调整，同时室内灯光会自动亮起。而其动力则来源于太阳能薄膜光伏发电板、静音垂直风力发电机等所产生的清洁能源。雨水经跌水，层层落入雨水回用景观水池中，在跌落的过程中雨水中的杂质等被跌水面种植的水生植物的叶片、根系逐步滤去，落入水池后，在水体中种植的生态浮床系统的作用下，水质得到进一步的改善，这些收集的雨水可以循环利用。

沪上生态家中的种植槽藤本植物

生态家中的两个电梯也暗藏玄机，一个是势能回收电梯，在上上下下之间，所产生的"势能"不经意间被储存；另一个则是变速电梯，可以根据电梯乘客的多少来控制电梯速度。生态家的外表布满绿色植物，最奇妙的是不管挂壁模块绿化、种植槽藤本植物、中庭单元式绿化还是生态浮床，或是下沉庭院侧壁净水植物槽、景天毯、绿屏等，都是现场整体拼装，并可根据气候变换等外部因素轻松调整植物种类。这些植物不用人特别照顾，智能化装置控制的“滴灌”技术将根据植物所需的水量来进行有目的的“滴灌”，用最少的水资源将植物“喂”得恰到好处，灌溉用水则来自收集处理过的雨水，而且基本可以实现自给。

沪上生态家最奇妙的地方就是其建筑材料皆源于“垃圾”。立面乃至楼梯踏面铺砌的砖，是上海旧城改造时废弃的16万块石库门砖头。内部的大量用砖不是用“长江口淤积细沙”生产的淤泥空心砖，就是用工厂废料“蒸压粉煤灰”制造的砖头。石膏板也同样是用工业废料制作的脱硫石膏板。此外，木制的屋面其实是用竹子压制而成。该建筑的阳台制作也采取了“工厂预制、整体吊装”的方式，以把建造污染降到最低。

在世博会期间，沪上生态家里将分成“过去”、“现在”、“未来”三个板块，通过图片、影片和特殊的互动方式，为观众进行“风能发电”、“光伏发电”等最前沿的生态技术的科普和体验。届时还将有能炒1 000多种拿手菜的“炒菜机器人”、能测尿酸的“健康马桶”和“乳腺癌家庭监测”等轮番上阵，让观众亲身感受未来的人居生活。

世博会后，沪上生态家项目将作为永久性场馆继续保留，在完成二次改造后作为生态办公楼继续使用。

四、马德里：“竹屋”和“空气树”

一座完全被竹子覆盖的建筑和一株以钢结构为主干的大树，这就是马德里在城市最佳实践区展示的“竹屋”和“空气树”，它们将表现一座城市如何管理城市项目，来支持社会和环境的可持续发展。

位于马德里卡拉班切区的竹屋

“竹屋”和“空气树”在国际上享有盛名——“竹屋”是马德里南部的一栋社会住宅建筑，曾荣获“英国建筑师皇家学院大奖”这一建筑行业的国际大奖；“空气树”位于马德里生态大道，在2007年赢得国际最重要的针对年轻设计师的大

位于马德里巴野卡司（Vallecas）生态大道的空气树

奖——“建筑回顾”奖。此次在上海世博会城市最佳实践区马德里案例中开建的仿“竹屋”和“空气树”建筑，都根据上海气候和环境进行了适当的修改。

“竹屋”原型是西班牙的“廉租房”，为马德里南部卡拉班切区（Carabanchel）的一片民居建筑。顾名思义，“竹屋”每层楼的外墙都披挂着上下两张竹帘，这些竹帘并没有被封死，可以左右拉开，向两边卷起来，中间就变成一扇扇明亮的窗户，打开窗户可以通风换气；而拉上竹帘，就可以为整个建筑物提供一层温度、声音和视觉的屏障。编制竹帘的材料都经过了防火、防腐和防潮的处理，整幢建筑非常环保，而且具有原生态的氛围。马德里市廉租房采用了众多先进环保节能技术，虽然造价不菲，但租金却不高，在马德里当地作为公共廉租房提供给低收入人群居住。该项目充分体现了马德里市政府为提高人民居住条件、共享美好生活所做出的创新与努力。

在上海世博会上展现的“竹屋”，占地600平方米，建筑面积2 900平方米，是一座长方形的建筑。建筑外墙覆以竹材，为竹屋提供保温、除噪、遮光的功能。竹屋的公共区域以1∶1的比例展现马德里近年来在社会住

城市最佳实践区中的“空气树”

城市最佳实践区中的“竹屋”

宅等方面的发展，让参观者感受马德里原汁原味的生活方式，体验先进的创新理念以及伟大的历史和蓬勃发展的文化。

“空气树”是马德里生态大道上的三座树状展馆之一，“树”上安装有自动开启的百叶窗和直径7米的引风机，通风功能强大。在城市最佳实践区展示的“空气树”是一座十边形的钢结构建筑，紧挨竹屋而建，屋顶安装有太阳能板，可以实现能源自给。建筑内安装自动开启的百叶窗和直径为7米的引风机，来营造一个气候控制空间，为人们提供舒适的环境。参观者可以在这样一个遮阳、防热的开放空间休憩，并更多地了解马德里。

五、法国罗阿大区：诠释自然生态美

法国罗阿大区展馆（罗纳–阿尔卑斯）位于世博园的E片区，主题为“城市环境下的生态能源和可持续家园”。罗阿大区展馆总建筑面积达3 500平方米，由地面四层永久展区和地下一层临时展区构成。展馆的原型位于瓦朗斯市，是一幢经济型环保创新大楼。但在城市最佳实践区中的这幢展馆建筑在外形上与原型并不相像，这主要是因为设计师德尼·德旭根据上海的地理环境、气候特点和文化条件，重新为上海世博会“度身定制”了一幢环保建筑。

罗阿大区展馆的四周用直径7厘米的黄色毛竹围成了“毛竹墙”，从高空俯瞰，就像一个由竹子环绕的巨大长方形漂浮物，来自法国的艺术大师将在展馆入口处的一面毛竹墙上作画。有趣的是，参观者如果从左、中、右三个不同角度观看竹墙上的图案，会发现三幅截然不同的画，这就是“毛竹墙”上的变形图案。在罗阿大区展馆正前方的广场上将建造一个670平方米的玫瑰园，向参观者展示法国最美的古典玫瑰和现代玫瑰。在玫瑰园中，不同颜色的玫瑰构成不同的色块组团，世博会上，游客将看到这些玫瑰争奇斗艳的场景。

罗阿大区展馆的外观

罗阿大区展馆广场上的玫瑰园

在正常使用情况下（作为办公场所），整个建筑能耗每年低于100千瓦时/平方米，这个耗电量仅相当于一座新建的普通独立房屋的能耗。同时，建筑材料的良好保温性能也节省了大量能源：钢筋混凝土的结构保温效果好，外墙使用了“保温砖”——低辐射双层中空保温玻璃，能过滤掉阳光的辐射。整幢大楼没有空调，而是采用冷热通风交换机组，以冷热风来实现温度交换；室内选用节能照明设施，可根据日照情况调节亮度。屋顶上和西侧墙面上都有一套“植物墙系统”。植物与墙体之间有一定距离，中间设有空气净化过滤装置，整幢大楼依靠它来除湿和净化空气，暴雨时能延缓雨水排放，酷暑中能避免阳光直射。

第五节

倡导和宣传低碳、绿色世博

上海世博会虽然以“城市，让生活更美好”为主题，但是“低碳”和“环保”却是“城市”主题最主要的表现方式。上海世博会不仅在园区选址、园区场馆的选址、设计和建设过程中处处体现“低碳”和“环保”，而由于世博会本身就是宣传和教育的盛会，上海世博会也以各种形式宣传“低碳”、宣传“环保”，希望能借由世博会对人们进行低碳理念启蒙，并由此改变环境不友好的生活方式。

一、《绿色指南》，低碳世博的绿色指南

2009年6月5日，第38个“世界环境日”之际，上海世博会事务协调局与联合国环境规划署联合发布了《中国2010年上海世博会绿色指南》。该指南倡导资源节约与环境友好的行为方式，涉及的范围非常广泛，世博园与展馆的设计、施工、交通、物流、住宿、餐饮以及参观等各个方面都包揽无余，建设、展览以及后续利用的各个环境都有章可循。

该指南旨在为世博会的参展方、运营商以及参观者提供“绿色”的行为准则。对参展方，要求展馆的设计建设与拆除以及参展期间的办公、采购等，都尽量采取对环境友好的方式，尽可能减少污染排放和降低对生态环境的影响；对运营商，要求其将低碳、环保的理念渗透到每个细节，如不主动提供一次性的洗漱用品，不过度包装世博纪念品等；对参观者，倡导绿色出行，自觉垃圾分类，以及选择有环保标志的产品等。

这些“绿色”的理念和要求，已经在世博园的规划、设计和建设过程中得到了很好的体现。园区的各类建筑物都采用了大量环境友好和资源、能源节约的新型建筑材料，太阳能、风能、低热能等清洁能源技术，雨水回收利用技术，屋顶、墙面绿化技术也是随处可见。运营商和参展方也都遵循“绿色办公”的倡议，纸张双面打印、空调限温以及采购绿色产品等。园区穿梭行驶的各类汽车也是非常环保的，不会排放任何废气。

二、“绿色出行”系列活动，倡导公众低碳出行

据统计，世博会80%的碳排放来自参观者乘坐的各种交通工具，因此倡导绿色出行理念，引导公众主动参与“绿色出行”活动具有重大意义。

所谓绿色出行，是指采用比传统交通方式更环保的出行方式，通过减少碳排放和增加碳中和实现交通的可持续发展。实现碳减排可以通过采取低能耗的出行方式，如乘坐公共交通工具、购买和驾驶节能环保的小排量汽车、与其他人拼车、骑自行车或者步行等降低个人的碳足迹。实现碳中和可以通过向专业机构直接或间接购买碳信用额度，抵消因出行产生的碳排放。如2010年世界地球日，全球首款“世博绿色出行低碳交通卡”在上海发布，这张卡除了具有一般交通卡的功能之外，还具有1吨的“碳”指标，即购买了这张交通卡就相当于购买了1吨的碳排放指标，购卡的钱被绿色出行基金用于购买经过认证的二氧化碳指标或植树造林以及其他的环保项目。

上海世博事务协调局还联合上海市环保局和美国环保协会编撰了《中国2010年上海世博会绿色出行指南》，为不同的参观者提出了绿色出行的具体建议：如必须乘坐飞机的世博参观者，可以以碳中和的方式购买碳信用额度，一定程度上降低自己的碳足迹；中短途的参观者，优先选择火车或长途汽车等公共交通，因为公共交通的个人碳排放量远远低于飞机和自驾车，以南京到上海为例，乘坐火车每人每次的碳排放比乘坐飞机和自驾车分别减少30 kg和130 kg左右；上海地区的参观者，应优先选择公共交通系统，如果自驾车，应尽量驾驶小排量的汽车。

为了将绿色出行、低碳生活的理念渗透到公众日常生活的各个方面，上海世博会组织者在世博会之前举行了一系列活动，如“穿越长三角——绿色出行看世博联合行动”、“世博绿色出行——低碳公交卡设计大赛”以及“世博出行碳计算器”等，宣传低碳的生活方式；在世博会期间，还将举行一些大型活动，如世界自然基金会将举办“低碳音乐会”，号召大家低碳看世博，并将低碳生活的先进理念带回家。

三、论坛——展望城市未来发展的对话平台

每届世博会都会有各种不同的思想、理念碰撞、交融，而作为三大板块之一的论坛，无疑给各种思想碰撞提供了舞台。上海世博会论坛紧扣世博会主题，是展望城市未来可持续发展的对话平台。高峰论坛、主题论坛和专题论坛在世博活动期间举行，广泛讨论城市的承载力和可持续发展问题，在政府、企业以及公众之间建立对话机制，从全球不同的

国家、民族角度探讨“城市，让生活更美好”的主题，共同应对全球发展过程中的环境挑战、资源挑战，以期找出可能的解决方案，为世界各国的城市发展提供纲领和指南。

世博会的高峰论坛将从全球和国家的宏观层面上对城市发展过程中遇到的各种问题进行探讨，拟定城市未来可持续发展的方向和实现路径。高峰论坛上将发布《上海宣言》，在上海世博会参展方共识的基础上应对全球城市的可持续发展。

主题论坛将从城市的层面讨论城市系统、结构以及先进城市的管理方式。上海世博会期间将分别在宁波、苏州、无锡、南京、绍兴以及杭州举办六场主题论坛，每场3~5天。这六场论坛的主题全都围绕城市，分别为“信息化与城市发展”、“城市变更与文化传承”、“科技创新与城市未来”、“环境变化与城市责任”、“经济转型与城乡互动”以及“和谐城市与宜居生活”，旨在深入探讨一系列与当前世界城市可持续发展有关的问题，为各类型城市发展提供有意义的策略建议。主题论坛的成果将用于指导专题论坛，并在《上海宣言》中得到体现。

公众论坛由一系列涉及不同领域、不同内容和不同形式的独立论坛组成。包括省区市论坛、区县论坛、国际青年论坛、妇女论坛、文化传媒论坛等。公众论坛主要是为吸引公众采参与，将世博会的先进理念推广普及。

虽然三类论坛的参与者和形式各不相同，但是它们都是在“城市，让生活更美好”的核心主题下，从不同的角度，探讨城市化进程的客观规律、城市发展模式、多元文化融合，以及人与环境互动等与城市可持续发展相关的重大议题，为来自世界各地的参与者提供文化交流、思想碰撞的对话平台。

第六章

尾声

风风雨雨，世博会走过了一百多年的历程，在这一百多年中，世博会的发展始终是与世界同步的。世博会是工业革命的产物，又反过来促进了工业的强劲发展，这是世博会与工业发展的辩证关系。因此在世博会的早期，“进步”的概念代表着工业的发展和技术的进步，那也是当时历届博览会所刻意赞美的。

而曾经在早期世博会展示为进步的生产方式，却造成了严重的环境污染；曾经被一度推崇为美好的生活方式，也在不停地消耗我们有限的资源。在一连串的生态危机、环境危机、能源危机以及水危机的打击下，人类对“进步”和“美好”含义的坚持也在动摇，人类也终于发现过去对“进步”和“美好”的信仰只不过是一个残酷的神话。如果经济发展的最终结果是资源的耗竭和全球环境的极度恶化，那么发展的意义何在？如果说科技和工业进步的最终结果是人类成为地球上唯一的生物，那么这样的进步又意义何在？

在经历了大自然的报复之后，人类经过了深刻的反思，并最终从以往的过失中找到了进步的新道路，那就是尊重自然，与自然和平共处，走可持续发展之路。而世博会作为承载探讨和解决人类社会在发展中面临的问题和挑战的舞台，开始了与环境保护理念融合的历程。从“科学、文明和人性”到“进步与人类和谐”，从“无污染的进步”到“自然的睿智”，再到“城市，让生活更美好”，世博会不断变化的主题，见证着人类在生态文明方面的进步与发展。

世博会汇聚了各个时代最具有前瞻性的发展理念和社会实践中成功的探索。这些理念、探索和实践，在世博会上得到展示、交流和碰撞，获得了更为迅速、广泛的传播。可持续发展、低碳等环保理念也已经或者即将通过世博会深入人心。一届成功的世博会，可以推动人类在更高层次的实践活动，对人类未来的发展带来深远的影响。

梳理整个世博会主题的演绎脉络，会发现其关注的焦点与环境保护的发展史是一致的。历届世博会总是能关注到全球发展的重点问题，并与其所处的时代和环境密切相关。从这个角度上讲，世博会主题与环保理念的交融本身就是可持续发展理念的具体体现。“一切始于世博会”，让我们共同期待上海世博会上人类继续书写文明进步的绿色乐章。

后 记

20世纪60年代之前，世博会与环境保护一直走在两条没有交点的平行线上，也许人们很难想象，如今的世博会将焦点聚集在了生态和环境保护上。然而深入梳理世博会与环境保护的发展历程就会发现,世博会关注人类发展重点问题的本质决定了其与环境保护的融合并非偶然。本书力图反映世博会与环境保护思想共同发展的历程，以及各届世博会的生态环保理念和特点。也许存在不准确和不完善的地方，希望各位读者批评指正。

我们不敢说对环境领域的了解有多么深入，还是走在漫长的探索之路上的资历颇浅的入门者。但是，上海世博会的巨大魅力却让我们无法抗拒，于是，我们开始了本书的写作，算是送给上海世博会的一份礼物。

在写作过程中，遇到了很多困难，也得到了很多人的帮助。感谢上海博物馆教育部的老师们的支持和协调，感谢上海教育出版社编辑章盈老师提出的宝贵意见和建议，感谢你们默默的支持和帮助，没有你们，这本书就不会面世。

虽然内容不是非常全面，但是希望本书能起到“一滴水里见太阳”的作用，为广大读者更加全面地了解世博会以及环境保护提供些微帮助！

主要参考文献

1. 走近世博会. 吴敏.《上海世博》杂志，东方出版中心，2008年

2. “一切始于世博会”——博览效应与社会发展. 乔兆红. 上海三联书店，2008年

3. 世博会主题演绎. 吴建中主编. 上海科技文献出版社，2008年

4. 世博会规划设计研究. 郑时龄、陈易等. 同济大学出版社，2005年

5. 世博会与国际大都市的发展. 郭定平编著. 复旦大学出版社，2007年

6. 文明的进程——世博会的发展与思考. 阿尔弗雷德·海勒著，吴惠族等译. 上海科学技术文献出版社，2003年

7. 寂静的春天.【美】蕾切尔·卡逊著，吕瑞兰、李长生译. 吉林人民出版社，1997年

8. 生态服务的价值实现. 戴星翼、俞厚未、董梅. 科学出版社，2005年

9. 20世纪环境警示录. 自然之友编，彭俐俐主笔. 华夏出版社出版，2001年

10. 只有一个地球.【美】芭芭拉·沃德、勒内·杜博斯著，《国外公害丛书》编委会译校. 吉林人民出版社，1997年

11. 环境学原理. 陈立民、吴人坚、戴星翼编著. 科学出版社，2003年

12. 博览管理.【德】曼弗雷德·基希盖奥格等主编，刁晓赢等译. 上海财经大学出版社，2008年

13. 走可持续发展之路. 诸大建等编著. 上海科学普及出版社，1997年

14. 可持续发展导论. 吴家政、尤建新主编. 同济大学出版社，1998年

15. 环境资源保护漫谈. 董捷主编. 中国言实出版社，1999年

16. 国外环保概览. 沈国明主编. 四川人民出版社，2002年

17. 世博会博物馆官方网站：http://www.expomuseum.com/

18. 上海世博会官方网站：http://www.expo2010.cn/

图书在版编目(CIP)数据

世博与环保 / 王芳芳,李良美著. — 上海：上海教育出版社，
2010.9
(世博丛书)
ISBN 978-7-5444-2983-2

Ⅰ. ①世··· Ⅱ. ①王··· ②李··· Ⅲ. ①博览会—关系
—环境保护—研究—世界 Ⅳ. ①G245②X32

中国版本图书馆 CIP 数据核字(2010)第 166453 号

世博与环保

王芳芳 李良美 / 著

出版发行	上海世纪出版股份有限公司 上海教育出版社
网　　址	www.ewen.cc
社　　址	上海永福路 123 号
邮政编码	200031
经　　销	各地新华书店
印　　刷	上海书刊印刷有限公司
开　　本	700 × 1000　1/16
印　　张	10
插　　页	2
版　　次	2010 年 9 月第 1 版
印　　次	2010 年 9 月第 1 次
书　　号	ISBN 978-7-5444-2983-2/G.2301
定　　价	42.00 元

(如发现质量问题，读者可向工厂调换)